Herzfrequenzkontrolle
im Ausdauersport

Meinen Eltern

Im Folgenden wird der Einfachheit halber einheitlich die männliche Anrede gewählt. Natürlich werden beide Geschlechter damit angesprochen.

Winfried Spanaus

Herzfrequenzkontrolle im Ausdauersport

Diese Arbeit wurde als Dissertation zur Erlangung des Doktorgrades
an der Philosophischen Fakultät der Heinrich-Heine-Universität Düsseldorf
unter dem Titel „Untersuchung zur maximalen Herzfrequenz
bei leistungsorientierten Freizeit-Langläufern" angenommen.

Meyer & Meyer Verlag

Mit freundlicher Unterstützung der Polar Electro GmbH, Büttelborn.

Die Deutsche Bibliothek – CIP-Einheitsaufnahme

Spanaus, Winfried :
Herzfrequenzkontrolle im Ausdauersport / Winfried Spanaus
– Aachen : Meyer und Meyer, 2002
Zugl.: Düsseldorf, Univ., Diss., 2000
ISBN 3-89124-851-2

D 61 (Diss. Univ. Düsseldorf)
© 2002 by Meyer & Meyer Verlag, Aachen
Adelaide, Auckland, Budapest, Graz, Johannesburg, Miami,
Olten (CH), Oxford, Singapore, Toronto
Member of the World
Sportpublishers' Association (WSPA)
Druck: Burg Verlag Gastinger GmbH, Stolberg
Printed in Germany
ISBN 3-89124-851-2
E-Mail: verlag@meyer-meyer-sports.com

Inhaltsverzeichnis

Vorwort

Die vorliegende Untersuchung versucht, einen Beitrag zur Problematik des herzfrequenzgesteuerten Ausdauertrainings zu leisten. In meiner Zeit als aktiver Hochleistungssportler erlebte ich, wie viele Sportler jeglichen Leistungsniveaus mithilfe von Herzfrequenzmessgeräten ihr Training optimieren wollten. Dies gab den Anstoß zu einer empirischen Forschungsarbeit, die nicht nur der Wissenschaft dienen, sondern auch allen Ausdauersportlern einen Leitfaden an die Hand geben möchte.

Mein besonderer Dank gilt Professor Friedhelm BEUKER für die Überlassung des Themas und die Betreuung der vorliegenden Arbeit sowie die begleitende konstruktive Kritik.

Für wertvolle Anregungen und kritische Ratschläge bin ich Dr. Theo STEMPER sehr dankbar.

Die Gespräche mit Professor Klaus HELD waren mir eine wichtige Hilfe bei der Strukturierung dieser Untersuchung. Dafür danke ich ihm herzlich.

Bedanken möchte ich mich auch bei Peter GREIF für die Unterstützung, die notwendig war, um ein so umfangreiches Probandengut zusammenzustellen. Gleichzeitig gilt mein Dank allen Sportlern, die sich bereitwillig zu den anstrengenden Ausbelastungstests zur Verfügung stellten.

Außerdem schulde ich Georg HELD großen Dank für seine Bereitschaft, zu jeder Tages- und Nachtzeit meine Computerprobleme zu beheben. Ebenso danke ich meinem Vater Wolfgang SPANAUS für das sorgfältige Korrekturlesen.

Schließlich haben am Zustandekommen dieses Buches Dirk SIEBEN, Dr. Volker REINERS, Professor Axel FASSBENDER und der Fotograf Hartmut KUETZ wesentlichen Anteil.

Johannesburg, im Februar 2001   *Winfried Spanaus*

1   Einleitung

Das Dauerlaufen oder Langlaufen gab es zu jeder Zeit und in vielen Kulturen. Laufen war notwendig, um bestimmte Strecken schneller zu bewältigen als im Gehen. Das galt beispielsweise für Boten, die Nachrichten zu überbringen hatten, wie der legendäre PHEIDIPPIDES, der 490 v. Chr. beim Angriff der Perser nach Sparta geschickt wurde, um dort Beistand einzufordern, und dabei die etwa 200 km lange Strecke in zwei Tagen zurücklegte (DER KLEINE PAULY, 1972). Auch als Jäger auf Nahrungssuche mussten die Menschen laufen, um Tiere zu verfolgen. Aber es gab seit alters her auch das Laufen ohne solche Notwendigkeit, etwa, wenn man in Laufwettkämpfen gegeneinander antrat, wie schon im Totenagon der „Odyssee" oder wie bei den Olympischen Spielen der Antike, oder wenn bei verschiedenartigen Sportspielen in Intervallen gelaufen wurde. Bis zum 19. Jahrhundert, in dem *Berufsläufer* wie Peter BAJUS in mehreren Tagen Distanzen von einigen hundert Kilometern zurücklegten, gab es das Laufen aus Notwendigkeit. Zu Beginn des 20. Jahrhunderts starb der Beruf des Läufers aufgrund der modernen Fortbewegungsmittel und neuer Möglichkeiten der Informationsübermittlung aus.

Seitdem lief man in den Ländern der ersten Welt fast nur noch, um sich bei Sportfesten oder bei Meisterschaften auf unterschiedlichen Ebenen miteinander zu messen. Bis in die 50er und 60er Jahre rekrutierten sich die Läufer überwiegend aus dem Kreis der wettkampforientierten Sportler, während das Laufen aus reinem Vergnügen oder zur Körperertüchtigung seltener war.

In den ersten Jahrzehnten nach dem Zweiten Weltkrieg genoss der größte Teil der erwachsenen Bevölkerung in den fortgeschrittenen Industrienationen die Vorzüge des Modernisierungszeitalters, ohne für den aktiven Sport Interesse aufzubringen. Der Wohlstandsbürger bevorzugte moderne Fortbewegungsmittel; in den USA, dem fortschrittlichsten Industrieland der Jahrhundertmitte, gab es um diese Zeit bereits 120 Millionen Autos auf 260 Millionen Einwohner. Zugleich führten die durch den Einsatz von hoch entwickelten Maschinen, später von elektronischen Geräten verbesserten Arbeitsbedingungen zu einem signifikanten Abfall des täglichen Gesamtkalorienverbrauchs in der Bevölkerung. In Deutschland sank er von 1950-1979 um 450 kcal pro Kopf (WIRTHS 1972 in: HOLLMANN/HETTINGER 1990).

So brachte die Bewegungsarmut, insbesondere durch den Rückgang der beiden natürlichen Fortbewegungsarten Gehen und Laufen, einen Vormarsch der Wohlstands- oder Zivilisationskrankheiten mit sich. Erkrankungen von Herz und Kreislauf, Folgen der Fehlbelastung im Stütz- und Bewegungsapparat und Störungen des Stoffwechsels nahmen in auffälligem Maße zu. NEUMANN et al. (1998, 249) bezeichnen 30% der Erwachsenen als übergewichtig.

Allmählich entstanden Initiativen, die sich bis heute fortgesetzt haben, mit denen versucht wurde, diesen schädlichen Auswirkungen der fortgeschrittenen Industrialisierung zu begegnen. VÖLKER et al. (1985, 548) schreiben treffend: „Die motorische Beanspruchungsform, von der man nachweislich die für die Gesundheit wichtigsten Anpassungserscheinungen erwarten kann, ist die Ausdauerbelastung."

In Deutschland wurden in Parks oder Waldgebieten so genannte *Trimm-dich-Pfade* angelegt; es folgten Aufrufe zu *Trimming 130*, und es kam zum Boom der Fitnessstudios. Allgemein entwickelte sich während der 80er und 90er Jahre in den USA und Deutschland der Trend zu einer gesünderen Lebensweise. Neben einer bewussteren Ernährung bekam der Breitensport eine bis dahin unbekannte Bedeutung.

Charakteristisch war und ist dabei für die Mehrzahl der sportlichen Angebote, dass sie an den Menschen in allen Phasen seines Lebens gerichtet waren bzw. sind. In den USA wurde das Laufen zu einem wahren Volkssport, unabhängig von Alter, Geschlecht, Konstitution oder Hautfarbe. Etwas später setzte auch in Europa, und vor allem in Deutschland, das Lauffieber in allen Bevölkerungsgruppen ein. Man lief oder joggte über längere Strecken allein, in der Gruppe, im Verein, zu jeder Tageszeit, im Wald oder auf der Straße. So hat das sportliche Laufen im ausgehenden 20. Jahrhundert mit der Weiterentwicklung der Industriegesellschaft immer mehr an Bedeutung gewonnen.

Die Zahl derer, die das Laufen über längere Strecken aus Gesundheitsgründen oder zum Vergnügen betreibt, übersteigt mittlerweile um ein Vielfaches diejenige der Leistungssportler oder gar Hochleistungssportler. Obwohl es den Langläufern im Bereich des Breitensports nicht um sportliche Leistungen im engeren Sinne geht, können sie sich doch der Leistungsorientierung der modernen Industriegesellschaft nicht ganz entziehen. Freizeitsportler geben heute für die Ausübung des Laufsports die unterschiedlichsten Motive an:

- Gesundheitliche Aspekte.
- Soziale Beweggründe.
- Freude an Bewegung und frischer Luft.
- Ausgleich für die Anforderungen des Berufslebens.

Zwar wird der Langstreckenlauf mit solchen Gründen motiviert, aber ein gewisser Trend zum Leistungsgedanken ist unverkennbar. Der Wunsch nach inter- und intraindividuellem Leistungsvergleich bei den Freizeitsportlern wächst. Gerade der Langlauf bietet jedem einzelnen Läufer die Möglichkeit, seine Trainingsumfänge exakt zu quantifizieren (über die Summation der gelaufenen Kilometer) oder individuelle Leistungen mit den eigenen oder denen anderer Läufer zu vergleichen (über die präzise Zeitmessung). Unter anderem die steigenden Teilnehmerzahlen bei Volks-, Straßen- und Marathonläufen belegen das wachsende Interesse am Leistungsvergleich. So darf die Laufszene von heute oder zumindest ein Teil von ihr als ein gewisses Spiegelbild unserer modernen, leistungsbezogenen Gesellschaft gelten.

Zu der skizzierten Entwicklung trug nicht unwesentlich bei, dass die moderne Wachstumswirtschaft auf der Suche nach Absatzmärkten die Chance erkannte, die im Bedarf des Breitensports nach technischen Messgeräten lag. Die boomende Sportartikelindustrie bemerkte die Marktlücke und bemühte sich um Abhilfe. So bietet die moderne Technik seit Mitte der 80er Jahre dem Sportler eine Pulskontrolle mithilfe eines Brustgurts mit Sender, der die Herzfrequenz misst und überträgt, sowie einem Empfänger am Handgelenk, an dem die aktuelle Herzfrequenz abgelesen werden kann. Besonders der Marktführer POLAR aus Finnland trieb in den 80er Jahren die Entwicklung EKG-genauer, tragbarer Herzfrequenzmessgeräte für den privaten Gebrauch voran.

Die immer preisgünstiger werdenden Geräte stießen auf eine große Zahl von Abnehmern, die daran interessiert waren und immer noch sind, ihre körperlichen Aktivitäten auf einfache Art und Weise zu kontrollieren. Mittlerweile bietet eine Gruppe von Herstellern (CARDIOSPORT, ACCUREX usw.) in unterschiedlichen Preiskategorien eine Vielzahl verschiedener Herzfrequenzmessgeräte an. Einige Geräte der höheren Preiskategorie speichern die erzielten Pulswerte in Fünf-Sekunden-, 15-Sekunden- oder 60-Sekunden-Intervallen und machen es auf diese Weise möglich, dass die Werte später abgerufen werden können. Gesundheits- bzw. Breitensportler können nun ebenso wie Leistungssportler ihre Herzfrequenz während der Belastung akustisch oder visuell feststellen.

Zwischen der Steigerung der Genauigkeit solcher Kontrollen und der wachsenden Leistungsorientierung auch der Breitensportler besteht eine gewisse Wechselwirkung: Dass heute jeder Sportler, auch wenn er sich nur im Gesundheits-, Freizeit- oder Fitnessbereich betätigt, in der Lage ist, seine Trainings- oder auch Wettkampfintensität hinsichtlich der Herzfrequenz unmittelbar während der Belastung zu kontrollieren und auch zu korrigieren, ohne eine Pause einzulegen, verführt dazu, gleichsam die Grenzen der Leistungsfähigkeit auszureizen. Man setzt sich etwa zum Ziel, die Leistung auf einer bestimmten Strecke bis zum persönlich erreichbaren Optimum heraufzuschrauben oder gar einen Marathon- oder längeren Ultralauf zu bewältigen. Auf der anderen Seite wächst durch die dabei drohende Überbelastung unter den Hobbyläufern der Bedarf nach einer immer individueller werdenden Trainingsgestaltung auf der Grundlage messbarer Daten.

NEUMANN et al. (1998, 7) weisen treffend darauf hin, dass immer mehr Sporttreibende Trainingsbelastungen auf sich nehmen, „die den Anforderungen im Leistungssport wenig nachstehen. Erst wenn diese Sportler wahrnehmen, dass Aufwand und Nutzen des Trainings in keinem Verhältnis stehen, bemühen sie sich um das Auffinden des persönlich zuträglichen Maßes. Zu dieser Einsicht im Auffinden der Grenzen der Belastungsverträglichkeit muss offensichtlich jeder selbst kommen. (...) Oft haben Sportler mit der geringeren Trainingsbelastung und Einhaltung der Proportionen zwischen Belastung und dazugehöriger Entlastung bessere Wettkampfresultate als die ‚Durchtrainierer'. Letztere meinen oft, sich keine Trainingspause gönnen zu können, sie sind belastungssüchtig." Die individuell adäquate Belastung kann nur durch einen Trainingsplan gefunden werden, der auf den einzelnen Sportler zugeschnitten ist und deshalb persönliche Daten, wie beispielsweise Geschlecht, Alter, Trainingshäufigkeit und Leistungsniveau enthalten muss.

Für ein effizientes Training sind die Ergebnisse von leistungsdiagnostischen Tests unverzichtbar. Deshalb unterziehen sich Ausdauersportler wie Langstreckenläufer, Triathleten, Radfahrer und Skilangläufer im Hochleistungsbereich in regelmäßigen Abständen verschiedenen Verfahren wie dem Laktattest oder dem CONCONI-Test, aus denen sich relativ genaue Empfehlungen zur Trainingsintensität ergeben. Im Hochleistungstraining orientiert man sich in Deutschland vornehmlich an der anaeroben Schwelle und leitet von ihr die Geschwindigkeiten für die unterschiedlichen Trainingsintensitäten ab. Die leistungsdiagnostischen Tests werden in angemessenen Abständen von ca. 6-8 Wochen wiederholt, um Trainingsadaptationen zu registrieren und für den folgenden Trainingsaufbau zu berücksichtigen.

Im Unterschied zu den Spitzensportlern stehen den Freizeit- und Breitensportlern, die differenziertere Trainingsvorgaben zur Leistungssteigerung wünschen, die Möglichkeiten solcher Leistungsdiagnostik nur in begrenztem Maße zur Verfügung. Sie können sich mittlerweile zwar bei verschiedenen kommerziellen Instituten leistungsdiagnostischen Tests unterziehen, machen von dieser Möglichkeit bisher nur in relativ geringem Maße Gebrauch, weil sie durch zu hohen zeitlichen Aufwand, zu hohe Kosten oder andere Gründe abgeschreckt werden. Trotzdem versuchen Hobbysportler in großer Zahl, durch den Einsatz eines Herzfrequenzmessgeräts Rückschlüsse auf ihr Training zu erhalten und daraus für das künftige Training neue Perspektiven sowie für den Wettkampf Prognosemöglichkeiten abzuleiten.

Die Grundlage für die Erstellung solcher Trainingspläne liefert die Kenntnis der maximalen Herzfrequenz (HF_{max}), verbunden mit der maximalen Sauerstoffaufnahmefähigkeit. Man leitet die Intensitätsangaben für das Training prozentual von der HF_{max} ab und bestimmt diese normalerweise nach der von ROST/HOLLMANN (1982, 65) ermittelten Formel *220 minus Lebensalter*. Diese Formel wurde jedoch in den letzten Jahren in Zweifel gezogen, weil die Auseinandersetzung mit der HF_{max} im Rahmen der Trainingsgestaltung dazu Anlass gab. Eine Fehlberechnung der HF_{max} bewirkt über die nach ihr bestimmten Trainingsintensitäten entweder eine zu niedrige oder eine zu hohe Laufgeschwindigkeit. Beides schließt aus, dass der Trainierende gezielt zu einer optimalen Leistungsverbesserung gelangt.

Aus diesem Grund werden dem Freizeitsportler des ausgehenden 20. Jahrhunderts differenziertere oder sogar neue Formeln (BUSKIES et al. 1992; EDWARDS 1996b; STEFFNY 1998) empfohlen, die eine angemessene Trainingsdosierung gewährleisten sollen. Einige Autoren (BUSKIES et al. 1992; EDWARDS 1996a; GRÜNING 1997; STEFFNY 1998) geben hierbei allerdings zu bedenken, dass eine formelmäßige Berechnung nicht die individuellen Unterschiede des Herzfrequenzverhaltens des einzelnen Läufers berücksichtigt, und sehen deshalb in einem Ausbelastungstest zur exakteren Bestimmung der HF_{max} die optimale Lösung. Gegenwärtig werden Methoden zur Errechnung bzw. Bestimmung der HF_{max} vorgeschlagen, die sich auf Einzelerfahrungen und Untersuchungen an Kleingruppen stützen. Dass dabei recht unterschiedliche Auffassungen die Folge sind, kann im Hinblick auf eine verlässliche Trainingssteuerung nicht befriedigen.

Diese Situation gab den Anlass zur vorliegenden Untersuchung, deren Ziel es ist, den Einsatz von Herzfrequenzmessgeräten für den Breitensportler mit Leistungsambitionen im Langlauf zu diskutieren. Die Arbeit stützt sich erstmals auf eine größere Probandenzahl von leistungsorientierten Freizeitläufern, die bereit waren, in mehreren praktischen Tests beim Laufen ihre individuelle maximale Herzfrequenz zu ermitteln. Zur sachgerechten Vorbereitung und Auswertung dieser Tests wurde die Standardliteratur zur Funktionsweise des Herzens und der Herzfrequenz herangezogen und in möglichst großem Umfang die einschlägigen wissenschaftlichen Untersuchungen gesichtet und ausgewertet, die besonders in Deutschland und den USA, aber auch in Finnland, Australien und Südafrika in den letzten Jahren zu den folgenden Problembereichen erschienen sind:

- Herzfrequenzregulation.
- Entwicklung der Herzfrequenzmessgeräte.
- Ausdauer und auf sie bezogene Trainingsmethoden.
- sowie leistungsdiagnostische Verfahren im Ausdauertraining.

2   Literaturanalyse

2.1   Aufbau und Funktion des Herzens

2.1.1   Morphologie des Herzens

Das Herz befindet sich zu ca. zwei Dritteln in der linken und etwa einem Drittel in der rechten Körperhälfte. Es wird durch den knöchernen Brustkorb geschützt. Die Herzspitze liegt dem Zwerchfell auf. Die innere Umhüllung des Herzens ist das **Endokard**, die äußere das **Epikard**. Der aus Bindegewebe bestehende Herzbeutel (**Perikard**) umgibt das gesamte Herz. Eine Flüssigkeit zwischen Epikard und Perikard ermöglicht es dem Herz, ohne Reibungsverluste zu schlagen (MARKWORTH 1984).

Das Herz ist ein Hohlmuskel, der vier Kammern, zwei dünnwandige Vorhöfe (**Atrium**) und zwei Hauptkammern (**Ventrikel**) umschließt. Zwischen Atrium und Ventrikel sorgen die Segelklappen für die Blutrichtung vom Vorhof zum Atrium und verhindern einen Rückfluss des Blutes in den Vorhof, wenn die Kammer sich zusammenzieht. Im linken Herzen befindet sich die **Mitralklappe**, im rechten die **Trikuspidalklappe**. Die **Semilunarklappen** (Taschenklappen) am Ausgang zur Aorta und zur Arteria pulmonalis verhindern den Rückstrom aus den großen arteriellen Gefäßen in das Herz. Dies geschieht druckpassiv (STEGEMANN 1984). ANTONI (1987) unterteilt die Herzmuskelfasern morphologisch und funktionell in zwei Typen:

1.)   Die Fasern der Arbeitsmuskulatur der Vorhöfe und Ventrikel. Sie verrichten die mechanische Pumparbeit.

2.)   Die Fasern des Reizbildungs- und -leitungssystems. Sie lösen die Erregungen für die Kontraktion des Herzens aus.

2.1.2   Herzfrequenzregulation

Die Refraktärzeit, in der ein Muskel für einen neuen Reiz nicht empfänglich ist, beträgt beim quer gestreiften Muskel ca. 1/100 Sekunde; der Herzmuskel jedoch kann auf einen neuen Reiz nur reagieren, wenn er sich im Zustand der Ruhe oder der Erschlaffung befindet. Das bedeutet, dass der Herzmuskel durch schnell hintereinander erfolgende Reize niemals in eine Tetanie versetzt werden kann, durch die der Kreislauf unterbrochen würde. Das Herz besitzt so nach jeder Kontraktion die Möglichkeit, sich zu erholen und wieder mit Blut zu füllen.

Jeden Reiz, unabhängig von seiner Stärke, beantwortet das Herz außerhalb der Refraktärzeit nach dem alles-oder-nichts-Gesetz mit einer größtmöglichen Kontraktion. Das Herz ist in der Lage, Milchsäure direkt wieder zu verwerten, besitzt eine gute Durchblutung und einen hohen mechanischen Ausnutzungsgrad der entwickelten chemischen Energie. Diese Besonderheiten im Stoffwechsel erklären die hohe Dauerleistungsfähigkeit (NÖCKER 1980; MARKWORTH 1984; STEGEMANN 1984; ANTONI 1987).

2.1.2.1 Erregungsbildung und Ausbreitung

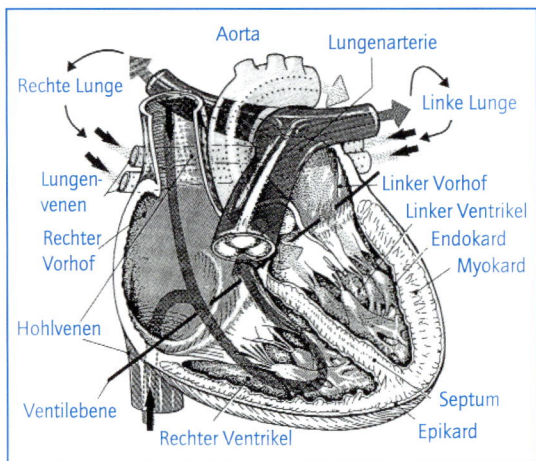

Abb. 01: *Das Herz ohne Herzbeutel (MARKWORTH 1984, 129)*

Im Gegensatz zu den Skelettmuskeln, die ihre Reize vom Großhirn über das Rückenmark erhalten, werden die Herzkontraktionen durch Erregungen innerhalb des Herzens selbst ausgelöst. Diese Fähigkeit bezeichnet ANTONI (1987) als „Automatie" bzw. „Autorhythmie des Herzens". Es kann auch außerhalb des Körpers weiterschlagen, wenn es in einer entsprechenden Nährlösung liegt. Ein speziell umgebautes System von Muskelfasern, das so genannte *Erregungsleitungssystem*, sorgt für die Entstehung und Weiterleitung der Erregungsreize.

Die Reize werden normalerweise im Sinusknoten, der sich in der Wand des rechten Vorhofs in Höhe der Vena cava superior befindet, gebildet und treiben das Herz mit ca. 70 Impulsen/min an (HOTTENROTT 1993a, 29). Die Aktionspotenziale werden aufgrund der besonderen Verflechtung der Myokardzellen über das gesamte Herz hinweggeleitet und erreichen dann den Atrioventrikularknoten, der sich am Übergang zwischen rechtem Vorhof und rechter Kammer befindet.

Die so genannte *Überleitungszeit* (0,15-0,2 Sekunden), in der der Reiz vom Vorhof zur Kammer gelangt, reicht aus, um das Blut aus dem Vorhof in die Kammer zu treiben. Sollte der Sinusknoten als erstes Erregungszentrum ausfallen, kann der Atrioventrikularknoten als so genannter *zweiter Schrittmacher* mit einer Ruhefrequenz von 40-60 Impulsen die Erregungsbildung übernehmen (NÖCKER 1980; ANTONI 1987). Die Erregungen laufen über das HIS-Bündel weiter auf die gesamte Muskulatur der Herzkammern. Die Erregungsreize führen zu einer Öffnung der Kanäle an der Zellmembran und an den Membranen des sarkoplasmatischen Retikulums, durch die Kalziumionen in das Sarkoplasma diffundieren können. Daraufhin steigt die Kalziumionenkonzentration im Sarkoplasma, was eine Verkürzung der Fasern zur Folge hat (NÖCKER 1980; DE MAREES 1981; MARKWORTH 1984; STEGEMANN 1984; ANTONI 1987).

2.1.2.2 Einflüsse auf die Herzfrequenzregulation

Das vegetative (lebenswichtige) Nervensystem steuert Funktionen des Körpers, die willentlich nicht beeinflussbar sind. Seinem regulativen Einfluss unterstehen der Stoffwechsel, die Atmung, der Kreislauf, die Verdauung, die Drüsenfunktion (innere und äußere Funktion) und die Geschlechtsfunktion. Gemütserregungen, die im zentralen Nervensystem ablaufen, führen zu unterschiedlichen Reaktionen des vegetativen Nervensystems. Aufregung erhöht die Herzfrequenz und den Blutdruck; Ärger hemmmt die Sekretion. Beim so genannten *Vorstartzustand* genügt der Gedanke an die bevorstehende Aufgabe, um den Organismus über das vegetative Nervensystem auf die Leistungsphase umzustellen. Das vegetative Nervensystem teilt sich in **Sympathikus** und **Parasympathikus** auf, die synergistisch und antagonistisch wirken. Die sympathischen Nerven verlassen das Rückenmark in Höhe der Brust- und oberen Lendenwirbelsäule, die parasympathischen Nerven entspringen direkt aus dem Gehirn und dem Bereich der unteren Lendenwirbelsäule und des Kreuzbeins. Sowohl Sympathikus als auch Parasympathikus sind efferente Nervenfasern, die aus zwei Neuronen bestehen und zur glatten Muskulatur, Herzmuskulatur und Drüsen führen (NÖCKER 1980; MARKWORTH 1984; STEGEMANN 1984).

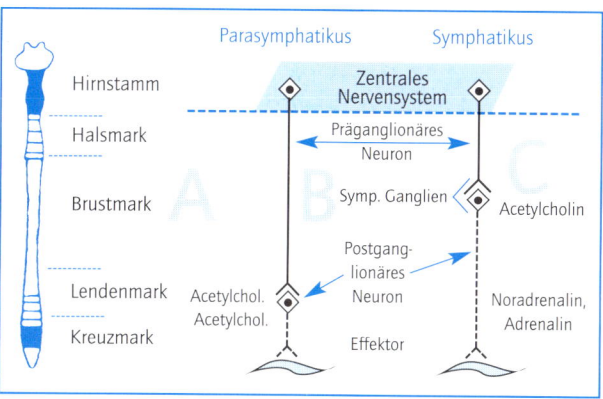

Abb. 02: *Anordnung und Überträgersubstanzen prä- und postganglionärer Neurone (nach: SCHMIDT 1971, aus: HOTTENROTT 1993a, 26)*

„Das erste, präganglionäre Neuron zieht vom Zentralnervensystem zu einem vegetativen Ganglion, in dem die Umschaltung auf das zweite, postganglionäre Neuron stattfindet, welches synaptischen Kontakt mit dem Erfolgsorgan hat. Viszerale
Afferenzen besorgen die Rückmeldung zum zentralen Nervensystem"(HOTTEN-
ROTT 1993a, 27).

Obwohl das Herz, wie oben in Kap. 2.1.2.1 gezeigt, autorhythmisch arbeitet, un-
terliegt es dennoch dem Einfluss von Sympathikus und Parasympathikus/Vagus.
Der Sympathikus endet als Nervus cardiaci im Herzmuskel und kann dort durch
Freisetzung von Noradrenalin und Adrenalin den Sinusknoten zu einer höheren
Frequenz stimulieren (**positive Chronotropie**). Der Parasympathikus greift als
Nervus vagus am Vorhof an und kann durch Freisetzung von Acetylcholin die
Schrittmacherfrequenz des Sinusknotens senken. NÖCKER (1980) weist darauf
hin, dass gerade bei trainierten Sportlern der Vagus in der Ruhephase überwiege.
Das Herz schlage gewissermaßen im Schongang und ermögliche so nach hohen
physischen und psychischen Belastungen eine Regeneration in kurzer Zeit.

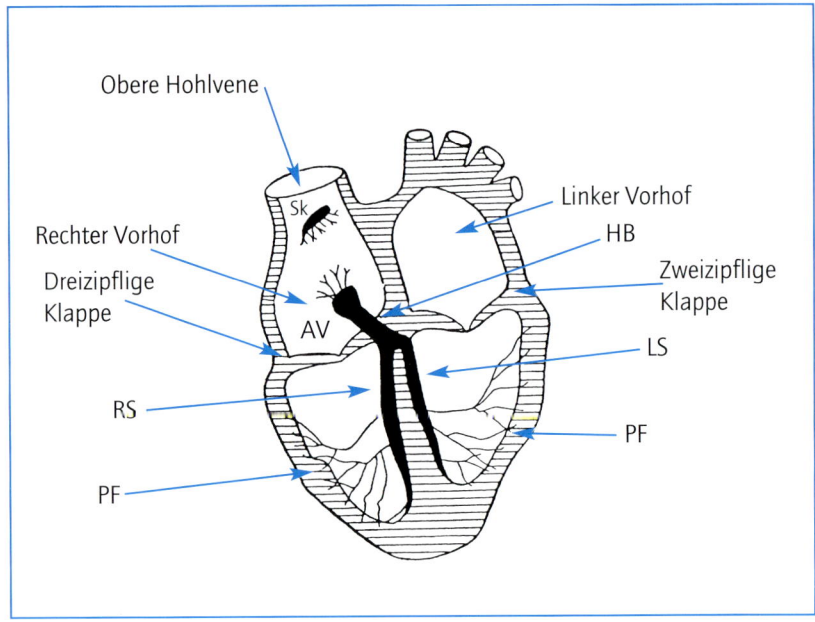

Abb. 03: *Das Erregungsleitungssystem des Herzens. SK = Sinusknoten, HB = HIS-*
Bündel, AV = Vorhofkammerknoten, RS = Rechter Schenkel, LS = Linker Schenkel,
PF = Purkinje-Fasern (NÖCKER 1980, 72)

2.1.3   Der Blutkreislauf

2.1.3.1   Der große Blutkreislauf (Körperkreislauf)

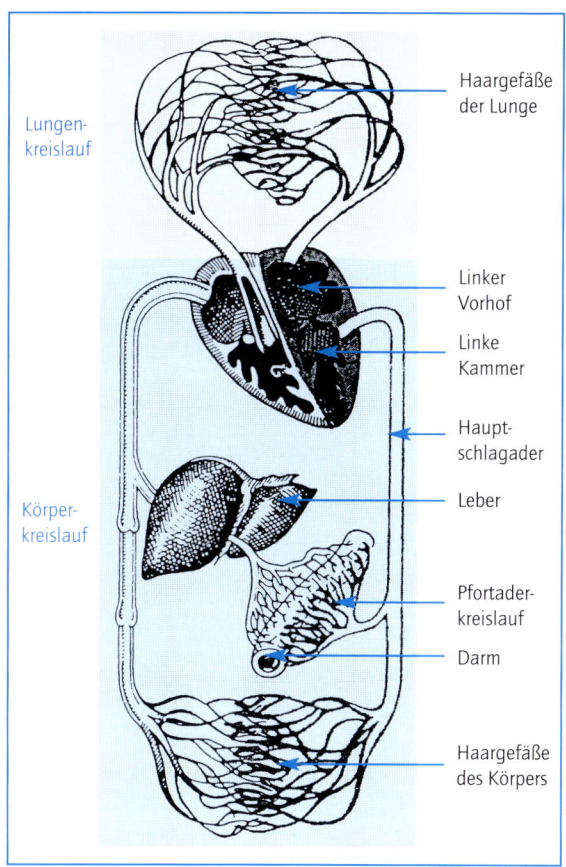

Das hellrote, sauerstoffreiche, arterielle Blut wird aus der linken Kammer in die große Körperschlagader gepresst. Diese verläuft durch Brust- und Bauchraum, verzweigt sich immer weiter und fasert sich in feine Haargefäße auf. Da das Blut hier sehr langsam fließt, kann es so Nährstoffe und Sauerstoff an das Gewebe abgeben sowie Kohlensäure und Schlackenstoffe aufnehmen. Die Haargefäße sammeln sich zu kleinsten Venen, münden in größere Gefäße und enden in die großen Hohlvenen, über die das jetzt dunkelrote, venöse Blut in den rechten Vorhof gelangt (NÖCKER 1980).

Abb. 04: *Schema des Blutkreislaufs (NÖCKER 1980, 69)*

2.1.3.2   Der kleine Blutkreislauf (Lungenkreislauf)

Nachdem das venöse Blut vom rechten Vorhof in die rechte Kammer geströmt ist, wird es in den kleinen Blutkreislauf gepresst. Über die Lungenschlagader verteilt sich das dunkelrote Blut in die feinen Haargefäße, wo es in den Lungenbläschen Kohlensäure abgibt und Sauerstoff aufnimmt. Durch diesen Austauschprozess wird aus dem dunkelroten wieder hellrotes Blut. Dieses fließt in je zwei großen Lungenvenen auf jeder Seite zum linken Vorhof zurück (NÖCKER 1980). Da das Blut im großen Blutkreislauf im Vergleich zum kleinen Blutkreislauf weitere Wege zurücklegt, muss das linke Herz eine größere Druckarbeit verrichten und dementsprechend ist die Muskulatur des linken Herzens stärker ausgebildet (NÖCKER 1980; MARKWORTH 1984; STEGEMANN 1984; ANTONI 1987).

2.1.4   Das Sportherz

2.1.4.1 Geschichtlicher Rückblick

Die für die spätere Entwicklung von Herzfrequenzmessgeräten relevante Herzforschung begann Ende des 19. Jahrhunderts mit der Beobachtung von messbaren Auswirkungen körperlicher Aktivität auf das Herz. So berichteten BERGMANN (1884) und PARROT (1893) über größere Herzen bei wild lebenden Tieren im Vergleich zu domestizierten Artgenossen. Was die Herzfrequenz betrifft, so findet sich bei JOHANNSEN (1893) erstmals eine medizinische Auflistung der Gründe für ihre Beschleunigung durch willkürliche Muskelaktivität: „.... die Miterregung der Zentren der Herznerven bei der Entsendung des motorischen Impulses; die reflektorische Erregung dieser Zentren von den Bewegungsorganen aus; die durch die Gefäßnerven und die Muskelbewegungen an sich bewirkten Veränderungen der mechanischen Zirkulationsverhältnisse; die Verstärkung der Atembewegungen, die jede verstärkte Muskeltätigkeit begleiten" (zitiert nach AULO 1909, 146 in: HOTTENROTT 1993a, 10).

Im Jahre 1899 beschrieb HENSCHEN als Erster das *Sportherz* folgendermaßen: „Hieraus geht hervor, dass der Skisport (eine) Vergrösserung des Herzens verursacht; und dieses vergrösserte Herz mehr Arbeit verrichten kann, als das normale Herz; sowie dass es somit eine physiologische Vergrösserung infolge von Sport giebt - ein Sportherz" (zitiert in: ROST: 1984, 34). Obwohl HENSCHEN nicht die Möglichkeiten der heutigen Physiologie besaß, begründete er die Sportherzvergrößerung mit den Faktoren **Dilatation** und **Hypertrophie**, – in moderner Terminologie: **exzentrischer Hypertrophie**. HENSCHEN (in: ROST 1984, 34) erkannte eine Vergrößerung des Herzens sowohl auf der rechten als auf der linken Seite. Aus pathologischer Sicht betreffen Vergrößerungen des Herzens überwiegend nur Teile des Herzens, wie z.B. bei der Aortenklappenstenose den linken Ventrikel oder bei der Mitralklappenstenose den rechten Ventrikel.

Während dieser Jahre kam unter den Wissenschaftlern eine kontroverse Diskussion auf, ob das Sportherz positiv oder negativ zu bewerten sei. Der Annahme einer vergrößerten Leistungsfähigkeit des Sportherzens wurde immer wieder die Vermutung entgegengestellt, dass die Vergrößerung auf akute Überlastung bzw. ein myokardiales Versagen zurückzuführen sei (MORITZ 1934 in: ROST 1984). KAUFMANN (1933 in: ROST 1984) behauptete, die Dilatation des Herzens resultiere aus der mangelnden Konstitution des Sportlers. LYSHOLM (1934 in: ROST 1984) sah die Herzvergrößerung als Folge der Dilatation bei Überbelastung an. Noch 1972 interpretierte FRIEDBERG (in: ROST 1984) das Sportherz als Konsequenz einer Überbelastung bei rheumatischer, syphilitischer oder angeborener Herzkrankheit. KEREN (1981, 90) führt den Herztod bei Sportlern auf die Veränderungen des Herzens, des so genannten *Sportherzens* zurück. Heutzutage scheint erwiesen, dass die Vergrößerung des Sportherzens eine physiologische Adaptation auf die gegebenen Trainingsreize ist (MARKWORTH 1984; ROST 1984; HOLLMANN/HETTINGER 1990) und bis zu einem Gewicht von 500 g, das vom Sportherz praktisch nicht erreicht wird, keine Gefahrenmomente enthält (DE MAREES 1981; REINDELL 1987).

2.1.4.2 Funktion des Sportherzens

Das durch Ausdauertraining vergrößerte, leistungsfähigere Herz bezeichnet die Forschung als „Sportherz" (MARKWORTH 1984; ROST 1984; HOLLMANN/HETTINGER 1990; KLEINMANN 1996) oder „Leistungsherz" (NÖCKER 1980; DE MAREES 1981). HOLLMANN et al. (1967, 91) nehmen an, dass eine Mindestherzfrequenz von 70% der HF_{max} erforderlich ist, um ein Wachstum des Herzens zu bewirken. Nach ihm erklärt sich aus diesem Erfordernis u.a., warum bei industriellen Schwerarbeitern, die durch ihre Arbeitsdauer nur Belastungsintensitäten von 110-120 Schl./min erreichen, kein Sportherz diagnostiziert wird. Die Ausbildung eines hochgradigen Sportherzens erfordert mehrere Jahre Training von entsprechendem Umfang, Intensität und Häufigkeit (HOLLMANN/HETTINGER 1990; ISRAEL in: STRAUZENBERG et al. 1990, 68). Bei Sportlern, die ein relativ niedriges Ausdauerniveau besitzen, sind Vergrößerungen des Herzens von 150 ml innerhalb von drei Monaten möglich (ISRAEL in: STRAUZENBERG et al. 1990).

Die Herzvolumina bei untrainierten Männern zwischen 20 und 30 Jahren betragen 700-800 ml, bei gleichaltrigen untrainierten Frauen ca. 450-500 ml. Ausdauertrainierte erreichen häufig Herzvolumina von 900-1.200 ml und in Extremfällen darüber. Die Vorhöfe und Kammern sind dilatiert und der Herzmuskel hypertrophiert (NÖCKER 1980; HOLLMANN/HETTINGER 1990; DE MAREES 1981; MARKWORTH 1984; ANTONI 1987; REINDELL 1987).

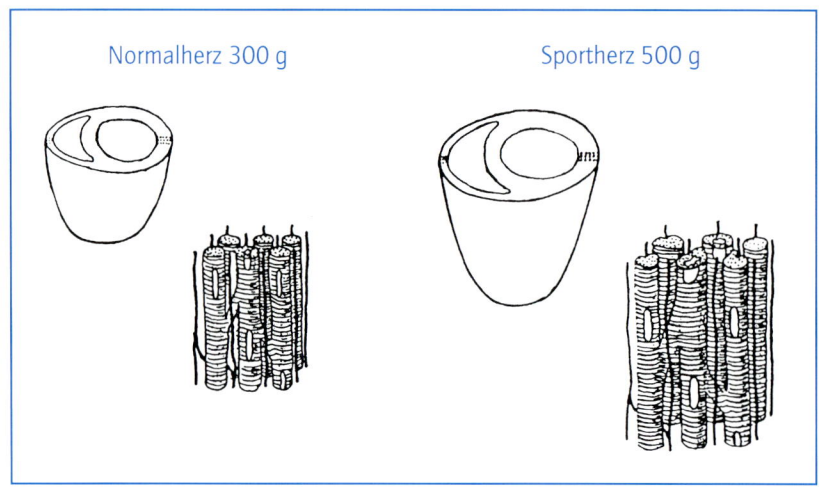

Abb. 05: *Vergleich zwischen Normalherz und Sportherz (DE MAREES 1981, 161)*

1. Hypertrophie

Übereinstimmend wird die Faserverdickung (**Hypertrophie**) aus einer mechanischen Spannung erklärt, welche die einzelnen Muskelfasern während der Systole durch Kontraktion entwickeln. Die Spannung kann indirekt als Druckanstieg in den Herzhohlräumen gemessen werden. Der Reiz zur Faserverdickung wird bei Ausdauertraining, besonders bei intensivem Intervalltraining, durch den stark gestiegenen systolischen Blutdruck und die höheren Herzfrequenzen ausgelöst. „Diese während der Belastung im Ausdauertraining häufig auftretende Spannungszunahme an den Muskelfasern stellt offensichtlich den Reiz zur Neubildung von Myofibrilleneiweiß dar" (DE MAREES 1981).

2. Dilatation

Der Grund für die Erweiterung der Herzhohlräume ist bis heute nicht eindeutig identifiziert. MARKWORTH (1984) vermutet, das bei Ausdauertraining um 10-20% zunehmende Blutvolumen könne hierbei von Bedeutung sein. Die Hohlraumvergrößerung des Herzens bewirkt, dass am Ende der Füllungszeit in den Kammern ein größeres Blutvolumen zur Verfügung steht, d.h., dass der Ausdauertrainierte während der Austreibungszeit sein Schlagvolumen erhöht. Im Gegensatz zum Untrainierten, dessen Schlagvolumen zwischen 60 und 90 ml liegt, kann der Ausdauertrainierte ein maximales Schlagvolumen von 200 ml erreichen.

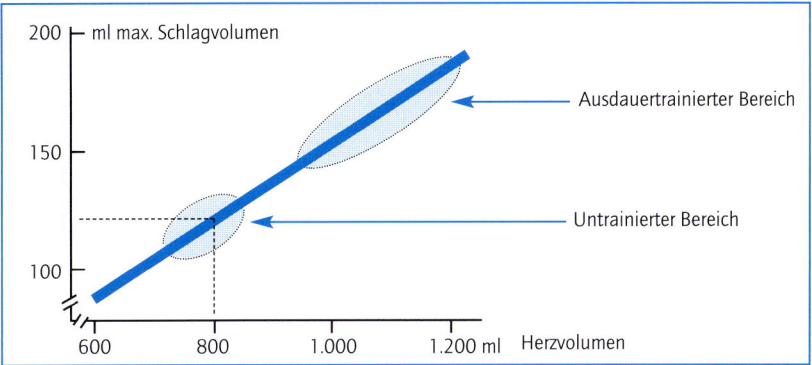

Abb. 06: *Beziehung zwischen Herzvolumen und maximalem Schlagvolumen (nach: ASTRAND 1977 aus: DE MAREES 1981, 162)*

Das trainierte Herz arbeitet, im Vergleich mit dem untrainierten Herz, sowohl bei Ruheherzfrequenz als auch bei submaximaler und maximaler Herzfrequenz ökonomischer (NÖCKER 1980; DE MAREES 1981; ISRAEL 1982; ROST 1984; REINDELL 1987; STRAUZENBERG et al. 1990). MARKWORTH (1984) belegt dies mit drei Rechenbeispielen:

a. Ruheherzfrequenz

Dank der Schlagvolumenzunahme bedarf der Ausdauertrainierte im Ruhezustand einer niedrigeren Herzfrequenz als der Untrainierte, um das gleiche Herzminutenvolumen zu erreichen. Während der Untrainierte Ruheherzfrequenzen von 60-80 Schl./min aufweist, werden bei Ausdauertrainierten Frequenzen von 40 Schl./min und sogar darunter beobachtet. Das unten angegebene Beispiel zeigt, dass das Herz eines Trainierten bei einem höheren Schlagvolumen weniger Herzschläge pro Minute benötigt, um das gleiche Herzminutenvolumen zu erhalten.

	SV (ml)		HF (Schl./min)	HMV (l/min)
Untrainierter	60	x	75	= 4,5
Trainierter	150	x	30	= 4,5

Tab. 01: *Verminderte Ruheherzfrequenz des Trainierten gegenüber dem Untrainierten (nach: MARKWORTH 1984, 177)*

b. Submaximale Herzfrequenz

Das Herz eines Ausdauertrainierten erreicht auf Grund seines höheren Schlagvolumens mit einer erheblich niedrigeren Herzfrequenz das gleiche Herzminutenvolumen wie das Herz eines Untrainierten.

	SV (ml)		HF (Schl./min)	HMV (l/min)
Untrainierter	90	x	180	= 16,2
Trainierter	180	x	90	= 16,2

Tab. 02: *Verminderte Herzfrequenz des Trainierten gegenüber dem Untrainierten bei submaximalen Leistungen (nach: MARKWORTH 1984, 177f.)*

c. Maximale Herzfrequenz

Setzen sich ein Trainierter und ein Untrainierter einer sportlichen Belastung mit der gleichen HF_{max} aus, erreicht der Ausdauertrainierte ein doppelt so großes Herzminutenvolumen wie der Untrainierte. Selbst bei einer leicht verminderten HF_{max} des Trainierten (vgl. Kap. 2.4) würde das Herzminutenvolumen noch deutlich über dem des Untrainierten liegen.

	SV (ml)		HF (Schl./min)	HMV (l/min)
Untrainierter	90	x	200	= 18
Trainierter	180	x	200	= 36

Tab. 03: *Erhöhtes Herzminutenvolumen des Trainierten gegenüber dem Untrainierten (nach: MARKWORTH 1984, 176)*

2.2   Ruheherzfrequenz und submaximale Herzfrequenz

2.2.1   Ruheherzfrequenz

Die Ruheherzfrequenz (HF_{Ruhe}) wird morgens unmittelbar nach dem Aufwachen noch im Liegen gemessen (JANSSEN 1996). Sie beträgt beim untrainierten Erwachsenen etwa zwischen 60 und 80 Schl./min, beim Neugeborenen 130, beim Kind etwa 90 Schl./min (DE MAREES, 1981, 126). Neben der relativ seltenen konstitutionellen **Bradykardie** wird im Ausdauersport eine trainingsbedingte Bradykardie beobachtet (ISRAEL 1982), die weit unter 60 Schl./min liegen kann (ROST 1984; STRAUZENBERG et al. 1990; HOTTENROTT 1993a; NEUMANN et al. 1998). ROST stellte bei einem Wasserballspieler während des Schlafs eine HF_{Ruhe}

von 26 Schl./min fest; NEUMANN et al. (1998) ermittelten bei einem Läufer sogar 25 Schl./min. ISRAEL (1982, 29) weist darauf hin, dass extreme Bradykardien häufig nicht im Zustand höchster Leistungsfähigkeit, sondern nach umfangreichem Grundlagenausdauertraining beobachtet werden. Gerade wenn der Sportler nach einer solchen Trainingsperiode für einige Tage das Training reduziert, werden gewöhnlich die niedrigsten HF_{Ruhe}-Werte gemessen.

Im Allgemeinen wird die Ruhebradykardie physiologisch in drei Kausalzusammenhänge eingeordnet:

- Erstens wird sie auf eine Unterdrückung des Sympathikus in Ruhe zurückgeführt (DE MAREES 1981).
- Zweitens wird sie in einen Zusammenhang mit intensivem Training gebracht: Dieses bewirkt nach HOTTENROTT (1993a, 241) bereits nach wenigen Tagen eine Blutvolumenzunahme, die ihrerseits mit einer erniedrigten HF_{Ruhe} einhergeht.
- Drittens gilt als sicher, dass die HF_{Ruhe} als Ausdruck der Sportherzbildung negativ mit der Herzgröße korreliert. Letzteres zeigen ISRAELS Untersuchungen (1982, 21), deren Resultate sich in folgenden Tabellen darstellen lassen:

Absolute Herzgröße (ml)	n	x ± sx (Schl./min)
600 – 699	50	70,2 ± 9,9
700 – 799	72	64,8 ± 9,6
800 – 899	90	62,9 ± 8,4
900 – 999	95	59,2 ± 9,4
1000 – 1099	94	55,4 ± 9,6
1100 – 1200	39	55,6 ± 7,7
> 1200	31	50,5 ± 6,2

Tab. 04: *Beziehung zwischen absoluter Herzgröße und HF_{Ruhe} (nach ISRAEL 1982, 20)*

Relative Herzgröße (ml/kg)	n	x ± sx (Schl./min)
10 – 10,99	51	70,5 ± 9,1
11 – 11,99	77	66,4 ± 9,0
12 – 12,99	92	61,8 ± 9,5
13 – 13,99	93	59,4 ± 8,2
14 – 14,99	59	55,7 ± 8,5
15 – 15,99	54	55,0 ± 8,6
16 – 17,00	32	49,3 ± 7,2
> 17,00	13	50,0 ± 4,5

Tab. 05: *Beziehung zwischen relativer Herzgröße und HF_{Ruhe} (nach: ISRAEL 1982, 20)*

HOLLMANN et al. (1967, 90) beobachteten eine signifikante Verringerung der HF_{Ruhe}, die nach zehn Wochen Training im Herzfrequenzbereich von 130 Schl./min mit einer Herzvolumenzunahme einherging (bei viermal wöchentlich 30 min Training auf dem Ergometer die ersten fünf Wochen unter, die folgenden fünf Wochen über 130 Schl./min). ISRAEL zeigt den parallelen Verlauf einer Abnahme von HF_{Ruhe} und HF_{max} bei steigender Herzgröße (1982, 68):

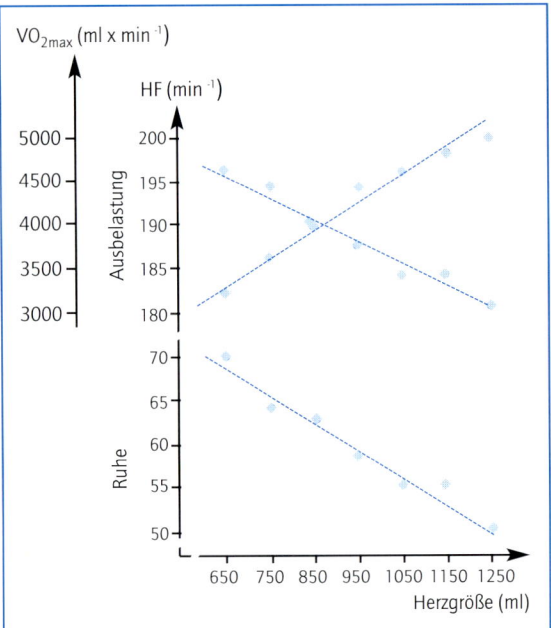

Abb. 07: *Verhalten von HF_{Ruhe}, HF_{max} und VO_{2max} in Abhängigkeit von der Sportherzbildung (nach: ISRAEL 1982, 68)*

In einer jüngeren Studie wird die gerade dargestellte starke Verminderung der HF_{Ruhe} angezweifelt: WILMORE et al. (1996, 829ff.) berichten über den Einfluss eines 20-wöchigen Ausdauertrainings auf das Herzfrequenzverhalten bei 47 Untrainierten. Während die Herzfrequenz unter Belastung im submaximalen Bereich um durchschnittlich 16,2 Schl./min (12,8%) sank, stellten sie bei der HF_{Ruhe} lediglich ein Absinken um 2,7 Schl./min (4,5%) fest, was nicht signifikant war ($p < 0.05$). WILMORE et al. (1996) folgern daraus, dass der Einfluss eines Ausdauertrainings auf die HF_{Ruhe} nicht so groß sein kann, wie er von anderen Autoren beschrieben wird. Vermutlich führte aber eine starke Verbesserung der Koordination, wie sie bei Untrainierten relativ schnell zu erwarten ist, zur signifikanten Reduzierung der HF_{submax}, während Intensität und/oder Umfang des Ausdauertrainings noch einen zu geringen Reiz für eine signifikante Verminderung der HF_{Ruhe} darstellte.

Obwohl die Bradykardie, wie oben beschrieben, eng mit der Sportherzbildung zusammenhängt, gibt ISRAEL (1982, 33) zu bedenken: „Besonderheiten in der Ruhefunktion des Herzens müssen nicht in jedem Fall Hinweise auf das Verhalten bei hohen Anforderungen gestatten. Eine Bradykardie ist nur bedingt ein Kriterium für die Fähigkeit zu hohen Ausdauerleistungen."[1] Dennoch kann die Bradykardie wertvolle Hinweise auf den Trainings- und auch Gesundheitszustand geben. Unzureichende Regeneration in der Trainings- oder Wettkampfphase kann die HF_{Ruhe} kurzfristig um 5 Schl./min erhöhen (NEUMANN et al. 1998) bzw. 10 Schl./min (GROSSER et al. 1986; HOTTENROTT 1993a).

Neben der durch ein Sportherz induzierten Bradykardie lässt sich eine Tendenz zur Bradykardie mit fortschreitendem Alter beobachten, der aber in der Literatur bisher wenig Beachtung geschenkt wurde. Außerdem ist dazu mit ISRAEL (1982) die Einschränkung zu machen, dass sich bis zum 60. Lebensjahr keine Korrelation zwischen Alter und HF_{Ruhe} feststellen ließ. Ab dem 7. Lebensjahrzehnt wird eine gewisse, aber nicht markante Tendenz zur Bradykardie beobachtet. Allerdings führt ISRAEL (1982, 35) Ergebnisse von MELLEROWICZ (1958) und weiteren Untersuchern an, die auf Grund eines regelmäßigen Ausdauertrainings auch bei Personen zwischen dem 55. und dem 80. Lebensjahr eine Trainingsbradykardie nachweisen konnten.

2.2.2   Submaximale Herzfrequenz

Die submaximale Herzfrequenz (HF_{submax}) drückt die momentane Belastungsintensität des Sportlers aus. Nach einer kurzen Einstellzeit dokumentiert sie, wie der Organismus auf eine aktuelle Leistung reagiert. Allerdings gilt dies nur für Sportformen, bei denen größere Muskelgruppen eingesetzt werden (ISRAEL 1974). Die HF_{submax} wird vorrangig durch ein Nachlassen des Sympathikus gesteuert (HOTTENROTT 1993a, 39). Während ISRAEL (1974) ihr lineares Ansteigen in einem Intervall von 120-170 Schl./min (bei TIEDT et al. 1973, 92, bis 190 Schl./min) beobachtet hat, sehen CONCONI et al. (1982) ein solches Herzfrequenzverhalten bis zu einem individuellen Umschlagpunkt (von ihm „Deflektionspunkt" genannt) als gegeben, der zwischen 150 und 190 Schl./min und in Ausnahmefällen sogar außerhalb dieses Intervalls liegt. Trotz gleicher submaximaler Sauerstoffaufnahme werden unterschiedliche Herzfrequenzen von bis zu 10 Schl./min beim Laufen, Rad fahren und Schwimmen gemessen (HOTTENROTT 1993a, 39).

In Ausdauersportarten kann über die Veränderung – Anstieg bzw. Abfall – der HF_{submax} bei gegebener Geschwindigkeit eine Trainingsentwicklung beobachtet werden, bei deren Interpretation aber Vorsicht geboten ist, weil verschiedene Fak-

---

[1] Unter Breitensportlern ist die Meinung verbreitet, dass mit einer reduzierten HF_{Ruhe} immer die Leistung steige.

toren die Herzfrequenz beeinflussen können (HOTTENROTT 1993a). Übereinstimmend wird bei verbesserter Ausdauerleistung eine erniedrigte HF_{submax} auf gleicher Intensitätsstufe festgestellt (ISRAEL 1982; HOTTENROTT 1995a; EDWARDS 1996b; WEINECK 1996; COEN 1997; BURKE 1998; NEUMANN et al. 1998). Dementsprechend bewirkt eine längere Trainingspause das Gegenteil. HOUMARD et al. (1992) beobachteten bei zwölf Langstreckenläufern nach einer 14-tägigen Trainingspause einen signifikanten (p < 0.001) Anstieg der HF_{submax} um 11 Schl./min bei gleicher Geschwindigkeit. Die prozentuale VO_{2max} hingegen veränderte sich nicht.

Bei vermehrtem Schnelligkeitseinsatz gegenüber verstärktem Krafteinsatz steigt die HF_{submax} trotz gleicher Anstrengungsempfindung stärker an (ISRAEL 1974). LAMBERT et al. (1998) berichten über Tag-zu-Tag-Schwankungen der HF_{submax} von bis zu 6 Schl./min und machen darauf aufmerksam, dass dieser Sachverhalt bei der Interpretation von Herzfrequenzdaten berücksichtigt werden muss. Sowohl TIEDT et al. (1973) als auch HELLWIG et al. (1991) sehen im unteren Belastungsbereich die Möglichkeit einer psychischen Beeinflussung der Herzfrequenz, die eine höhere Belastung vortäuschen kann. SELLEY et al. (1995) beobachteten eine signifikant höhere HF_{submax} im 10-km-Wettkampf als im Test trotz gleicher Geschwindigkeit. In einem späteren 21-km-Wettkampf war trotz niedrigerer Geschwindigkeit die Herzfrequenz mit der des 10-km-Wettkampfs identisch.

HOLLMANN (1963, 65) berichtet, dass ASTRAND vier Sport treibende Versuchspersonen sieben Stunden lang mit 50% des maximalen Sauerstoffaufnahmevermögens (etwa 130 Schl./min) belastete. Obwohl nach sieben Stunden der Milchsäurespiegel noch unverändert war, stieg mit der Dauer der sportlichen Betätigung die Herzfrequenz an, „vermutlich als Zeichen lokaler Muskelermüdung, da diese Belastung im Bereich der Sauerstoff-Dauerleistungsgrenze und somit deutlich über der Puls-Dauerleistungsgrenze liegt" (HOLLMANN 1963, 65).

2.2.3 Die Herzfrequenz unter dem Einfluss von Flüssigkeitszufuhr und Temperatur

Von entscheidender Bedeutung für das Verhalten der Herzfrequenz auf submaximaler Belastungsstufe ist die Umgebungstemperatur und die Flüssigkeitszufuhr. Infolge der Erhöhung der Körperkerntemperatur und der damit verbundenen thermoregulatorischen Hautdurchblutung sinkt der periphere Gefäßwiderstand, durch den es zu einem Abfall des Schlagvolumens kommt (KINDERMANN et al. 1978), was zu einer erhöhten Herzfrequenz führt (SALTIN 1964 in: WEINECK 1996, 670; HOTTENROTT 1995a; GILMAN 1996; JANSSEN 1996; NEUMANN et al. 1998).

ISRAEL (1974) schätzt den Einfluss einer um 1 °C angestiegenen Körperkerntemperatur auf 3-8 Schl./min in einem Frequenzbereich zwischen 120 und 170 Schl./min. HOLLMANN/HETTINGER (1990) berichten über eine höhere HF_{submax} bei einer Trainingsgruppe ohne Wasserzufuhr als bei einer Gruppe mit Flüssigkeitszufuhr. Die Aufnahme von Flüssigkeit verzögert den Anstieg der Herzfrequenz.

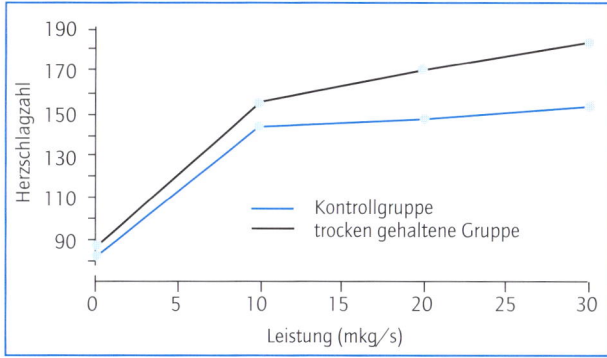

Abb. 08: *Anstei-gen der Herzfre-quenz ohne Was-serzufuhr (nach: HOLLMANN/HET-TINGER 1990, 584)*

Bei einer Außentemperatur von 20 °C beobachtete JANSSEN (1996) an einem einzelnen Sportler bei Einstellung der Flüssigkeitszufuhr einen Anstieg der HF_{submax} um mehr als 10%. An einer Gruppe von zehn Probanden stellte er bei einem 60-minütigen Ausdauertest ohne Kühlung eine Durchschnittsherzfrequenz von 167 Schl./min fest, mit Kühlung hingegen nur eine Durchschnittsherzfrequenz von 140 Schl./min. LAMBERT et al. (1998) vermuten einen Anstieg von 7 Schl./min pro Liter Flüssigkeitsverlust. KINDERMANN et al. (1979) berichten von einem Herzfrequenzanstieg von bis zu 8 Schl./min unter konstanter Leistung bei gleich bleibenden Laktatwerten. MOUGIOS et al. (1993) beobachteten höhere Herzfrequenzen bei submaximalen Leistungen im Wasser in Abhängigkeit von der Wassertemperatur. Bei Belastung können Schweißverluste von 2 l pro Stunde auftreten, die der Organismus nicht ausgleichen kann, da er über das Verdauungssystem nur ca. 1 l Flüssigkeit pro Stunde aufzunehmen in der Lage ist (NEUMANN 1993).

In zahlreichen englischsprachigen Forschungsbeiträgen, besonders aus den USA und Südafrika, wird das Phänomen des Herzfrequenzanstiegs bei gleich bleibender Leistung als *Cardiac Drift* angesprochen. SCHABORT et al. (in: LAMBERT et al. 1998, 87) beobachteten innerhalb von einer Stunde einen Anstieg der Herzfrequenz von 158 auf 177 Schl./min. Obwohl die acht Probanden ihre Geschwindigkeit leicht erhöhten, führen die Autoren den Herzfrequenzanstieg nicht vollständig auf die Geschwindigkeitssteigerung, sondern zum Teil auf den *Cardiac Drift* zurück. BOOTH et al. (in: LAMBERT et al. 1998, 87) beschreiben einen Herzfrequenzanstieg von 168 auf 188 Schl./min in einem halbstündigen Lauf mit 14,5 km/h bei 32 °C Lufttemperatur und 60% Luftfeuchtigkeit. Untersuchungen von BOULAY et al. (in: JEUKENDRUP/VAN DIEMEN 1998, 95) ergaben eine sinkende Arbeitsleistung bei konstanter Herzfrequenz; um die Frequenz konstant zu erhalten, musste die Leistung von 220 Watt auf 187 Watt innerhalb von 80 Minuten verringert werden. GILMAN (1996) beobachtete einen Herzfrequenzanstieg von der 20. Minute an, der nach einer Stunde bis zu 20 Schl./min betragen konnte.

LAMBERT et al. (1998) halten es für möglich, dass der *Cardiac Drift* bei fortgeschrittenen Athleten nicht so ausgeprägt ist wie bei weniger Trainierten. Die Autoren weisen aber darauf hin, dass es darüber bisher keine wissenschaftlichen Untersuchungen gibt.

2.2.4   Herzfrequenz in Abhängigkeit vom Geschlecht

KRAL/POLLAND (in: HOLLMANN 1959a, 8) beobachteten bereits 1928, dass bei gleich intensivem Training das Herzvolumen des Mannes stärker als das der Frau zunimmt, womit auch die für das Herz des Mannes typische Sinusbradykardie zusammenhängt. ASTRAND (in: HOLLMANN 1959a, 3) erkannte die sportwissenschaftliche Relevanz der Tatsache, dass die Frau einen niedrigeren Hämoglobingehalt im Blut aufweist und ihre Blutmenge pro kg Körpergewicht niedriger als beim Mann ist: Bei trainierten Frauen beträgt die maximale Sauerstoffaufnahme im Durchschnitt knapp 3 l, bei trainierten Männern 4 l pro Minute. Somit liegt die Herzfrequenz bei Frauen für den gleichen Wert der Sauerstoffaufnahme notwendigerweise höher als bei Männern. Bei der VO_{2max} (3 bzw. 4 l) erreicht die Herzschlagzahl bei Männern und Frauen gleichermaßen 180-200 Schl./min.

HOTTENROTT (1995a) berichtet über eine um 10 Schl./min höhere Herzfrequenz der Frau im Vergleich zum Mann bei gleicher Leistung. NÖCKER und BOHLAU stellten schon 1959 fest, dass die Frau für die gleiche Leistung am Fahrradergometer einen größere Sauerstoffmenge benötigt als der Mann (in: HOLLMANN 1959a, 4) und auch HOLLMANN weist zur gleichen Zeit (1959a) darauf hin, dass sowohl die Ruheherzfrequenz als auch die submaximale Frequenz bei Frauen im Vergleich zu Männern höher liegt. In seiner Untersuchung beträgt der Ruheausgangswert der Frauen 78 Schl./min, der der Männer 68 Schl./min. Sofort nach Beginn der sportlichen Betätigung steigt die Herzfrequenz der Frauen stärker als die der Männer. Diese Erkenntnisse gelten für Belastungsstufen unterhalb des *Steady States*:

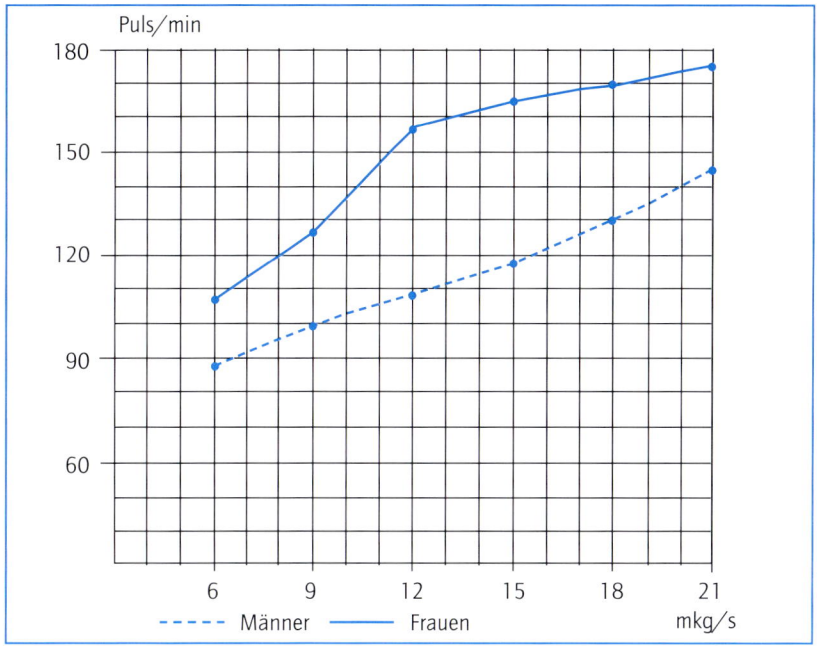

Abb. 09: *Die Pulsfrequenz unter ansteigender Belastung (nach: HOLLMANN 1959a, 8)*

2.2.5   Herzfrequenz und Ernährung

JANSSEN (1996, 45) berichtet über unterschiedliches Herzfrequenzverhalten in Abhängigkeit von der Ernährung: Während eines 120-minütigen Tests wurde an zehn Probanden bei gewöhnlicher Ernährung eine durchschnittliche Herzfrequenz von 156 Schl./min, hingegen bei kohlenhydrathaltiger Ernährung eine Durchschnittsfrequenz von 140 Schl./min gemessen. HOTTENROTT (1995a) bestätigt, dass die Nahrungsaufnahme zu den Faktoren zählt, von denen die Herzfrequenz beeinflusst wird: Nach einer Hauptmahlzeit kann die Herzfrequenz um 10-20 Schl./min steigen, bei einem Hungerzustand sinken. Diese Schwankungen gehören allerdings in einen engen Zusammenhang mit Tagesrhythmus, psychischer und physischer Verfassung sowie sportlicher Aktivität. Außer der Ernährung beeinflussen nach BORSKY et al. (1978) auch Faktoren wie Rauchen, Alkohol, Lärm, Koffein und Schlaf die Herzfrequenz. HOLLMANN/HETTINGER (1990) berichten über einen Anstieg der Herzfrequenz um 10-20 Schl./min nach dem Genuss einer Zigarette sowie 11-14 Schl./min nach Alkoholkonsum.

2.3   Maximale Herzfrequenz

Bis in die 80er Jahre hat man der maximalen Herzfrequenz (HF_{max}) kaum selbstständige systematische Analysen gewidmet, sondern hat sie meist im Rahmen anderer Untersuchungen (VO_{2max} usw.) mit abgehandelt (ISRAEL 1982, 66). Wenn ISRAEL im Jahre 1973 feststellte: „Die Ausbelastungs-Herzfrequenz war relativ selten Gegenstand von Untersuchungen" (ISRAEL 1973, 254), so hat sich daran inzwischen wenig geändert. ISRAELS Untersuchung über die HF_{max}, die er 1982 innerhalb seines Buches „Sport und Herzschlag" vorgelegt hat, ist bis heute die umfang- und aufschlussreichste Abhandlung zu dieser Problematik geblieben. Deshalb wird im Folgenden häufig auf ihn Bezug genommen.

Bei den Untersuchungen zur HF_{max} unterscheidet ISRAEL zwei Richtungen. Als Vertreter der ersten Richtung nennt er u.a. KRESTOWNIKOW 1953, BORISOW 1962 und CLASING 1974, der zweiten u.a. MELLEROWICZ 1962, HOLLMANN 1963, SCHLEUSING 1969 und KINDERMANN 1973 (alle in: ISRAEL). Die erste Gruppe gibt als HF_{max} 230-250 Schläge pro Minute (Schl./min) an, die zweite 180-200 Schl./min. ROST (1984) bestätigt die Werte der ersten Gruppe, jedoch nur bei Jugendlichen. Er erwähnt in diesem Zusammenhang, dass Maximalwerte zwischen 250 und 300 Schl./min gemessen wurden, führt sie aber im Regelfall auf Messfehler zurück.[2] Obwohl ISRAEL sich der zweiten Gruppe anschließt, gesteht er beträchtliche Abweichungen nach oben zu. Dass über die hier diskutierten Werte wissenschaftlich so wenig Einigkeit herrscht, dürfte, wie ISRAEL mit Recht anmerkt, seinen Grund wohl schon in der Schwierigkeit haben, die maximale Herzfrequenz zu definieren; er selbst (1982, 66) gibt folgende Definition:

„Die maximale Herzschlagfrequenz wird im Zustand der (intensiven) Ausbelastung nach einer bestimmten Mindestbelastungsdauer erreicht, wobei die Ausbelastung durch den Einsatz umfangreicher Muskelpartien des Körpers herbeigeführt werden muß."

Die *Ausbelastung* hängt offenkundig von der Motivation und dem Leistungswillen des einzelnen Sportlers ab, sodass es sich um einen stark von individuellen Faktoren bestimmten Zustand handelt. Mit Rücksicht auf diese Sachlage gesteht ISRAEL (1982, 66) zu: „Die besondere Kritikanfälligkeit dieser Größe steht damit außer Frage", gibt aber zu bedenken, „daß die Ausbelastung ein alltägliches Problem der

---

[2] ISRAEL (1982, 76) verzeichnete auf dem EKG bei einem 3.000-m-Läufer in der Nachbelastungsphase Herzperioden von 0,2 Sekunden, die einer Herzfrequenz von 300 Schl./min entsprechen, obwohl der Athlet bei Ausbelastung nur 190 Schl./min erreichte. Für diese Tachykardie nach der Belastung ließen sich keine Gründe finden.

sportlichen Praxis ist". Deshalb lässt sich „bei größeren Gruppen von Sportlern (...) hinsichtlich des Leistungswillens ein Durchschnittsverhalten" beobachten, „so daß größere Kollektive durchaus miteinander vergleichbar werden" (ebda.).

Unter den zyklischen Sportarten führt das Laufen zur stärksten Beschleunigung der Herzfrequenz. Weil der Bewegungsablauf in dieser Disziplin auch Nichtsportlern vertraut ist, liegt hier der höchste Grad relativer Trainiertheit vor (ISRAEL 1975, 372). Da beim Laufen mehr als 1/6 der Körpermuskulatur eingesetzt wird, ist in diesem Falle auch das Definitionskriterium „Einsatz umfangreicher Muskelpartien des Körpers" erfüllt. Es sind zwar zwei generelle Feststellungen erlaubt:

- Erstens: Trainierte Ausdauersportler erreichen die höchsten HF_{max}-Werte in ihrer jeweiligen Sportart, da sie dort das Maximum motorischer Leistung erbringen können und so zur absoluten Ausbelastung gelangen.
- Zweitens: Seit der Entwicklung moderner Herzfrequenzmessgeräte sind Herzfrequenztests sehr einfach in nahezu allen Sportarten möglich (EDWARDS 1996a; BURKE 1998). Ungeachtet dieser beiden Feststellungen darf man aber den beim Laufen erreichbaren und messbaren HF_{max}-Werten im Vergleich mit den entsprechenden Werten in anderen Sportarten oder Trainingsformen eine Sonderstellung zubilligen:

Rad fahren und Rudern erfordern einen größeren Krafteinsatz lokaler Muskelgruppen, der zum vorzeitigen Abbruch ohne Erreichen der HF_{max} führen kann. Es dürfte kein Zufall sein, dass HOTTENROTT (1995a) bei einem 24-jährigen Duathleten eine HF_{max} von 209 Schl./min für das Laufen, hingegen nur eine HF_{max} von 201 Schl./min für das Rad fahren ermittelte. Beim Skilanglauf würde die Technik für einen großen Teil der Probanden ein Handicap darstellen. Schwimmen oder auch Aquajoggen erscheint durch den Tauchreflex, der ein Absinken der HF_{max} bewirkt (SCHLUMBERGER et al. 1997, 183f.), für eine aussagekräftige Messung ungeeignet. Die in der Literatur beschriebenen, bis zu den 80er Jahren durchgeführten Tests wurden überwiegend entweder auf dem Laufband oder dem Fahrradergometer, wenige beim Skilanglauf oder in anderen Sportarten vorgenommen. Es entspricht der Sonderstellung des Laufens, dass die Tests von Läufern, die sich auf dem Fahrradergometer ausbelasten, nur eingeschränkte Aussagekraft besitzen; wegen ihrer relativ niedrigen Kraft in der Beinmuskulatur kommen sie nur auf einen Höchstwert, der bis zu 10 Schl./min unter ihrer HF_{max} beim Laufen liegen kann (ISRAEL 1982).

Was die Aussagekraft von Tests überhaupt anlangt, so weisen GRÜNING (1997) und STEFFNY (1998) mit Recht darauf hin, dass der Wettkampf bei Leistungs- und Breitensportlern im Allgemeinen durch die Konkurrenzsituation sowie durch die ideellen oder materiellen Anreize stärker motiviert und so zu einer höheren Ausbelastung führen kann. Demgemäß konnte ISRAEL (1982) ebenso wie schon HASTED et al. (1975) im Wettkampf höhere HF_{max}-Werte beobachten als bei den zur Ermittlung solcher Werte eingesetzten Testverfahren. Dies wird auch durch Untersuchungen bestätigt, die SELLEY et al. bei Läufern in Wettkämpfen über 10 km und 21 km vorgenommen haben (1995, 405ff.).

Ein anderer Problemaspekt betrifft den Zusammenhang zwischen HF_{max} und Größe des Herzens. HOLLMANN konnte 1963 bei fünf Probanden im Alter zwischen 51 und 68 Jahren nach einem fünfmonatigen Training (zweimal wöchentlich Ballspiele und Laufgymnastik, täglich fünfminütige Übung mit dem *Bali*-Gerät) nur eine unwesentliche Verminderung der HF_{max} feststellen (von 165,6 auf 164,6 Schl./min). KINDERMANN und ROST erhalten noch 1991 ihre schon in den 70er Jahren vertretene Auffassung aufrecht, dass bei einem Sportherz „die HF_{max} (...) unverändert oder lediglich geringfügig niedriger" sei (KINDERMANN/ ROST 1991, 38). Ähnlich behauptet LEHNERTZ (1989, 43), die HF_{max} hänge nur in geringem Maße vom Trainingszustand ab; falls eine Veränderung eintrete, bestehe sie in einer Reduzierung der HF_{max} auf Grund einer Zunahme der Herzgröße. Durch eigene Untersuchungen fand LEHNERTZ heraus, dass die HF_{max} nach umfangreichem aerobem Training gesunken war, aber ein intensiveres und anaerobes Training den Effekt wieder rückgängig machte. Andere, wie etwa JANSSEN (1996, 22) meinen, die HF_{max} bleibe auch nach einer Ausdauertrainingsperiode auf gleicher Höhe. Allerdings legt der Autor hierzu keine Untersuchungsergebnisse vor.

Der hier referierten Position ist entgegenzuhalten, dass die Abnahme der HF_{max} vermutlich sehr stark vom Trainingsumfang abhängt, sodass dieser Effekt erst bei sehr gut ausdauertrainierten Sportlern eintritt, wie JANSSEN (1996, 22) selbst einräumt. Diese Auffassung wird durch eine Untersuchung von ISRAEL (1982, 67f.) an Radrennfahrern dreier Leistungsklassen gestützt, die auf dem Fahrradergometer ausbelastet wurden. Bei der leistungsschwächsten Gruppe (n = 22) wurde eine HF_{max} von 196 ± 16,2 Schl./min, bei der mittleren Gruppe (n = 28) eine HF_{max} von 188 ± 10,2 Schl./min und bei der leistungsstärksten Gruppe eine HF_{max} von 182 ± 10,8 Schl./min festgestellt. Die Herzgröße stieg in negativer Korrelation zur verminderten HF_{max} von der leistungsschwächsten Gruppe mit 905 ± 94 ml über 1056 ± 112 ml bei Gruppe 2 auf 1101 ± 79 ml bei der leistungsstärksten Gruppe an.

ISRAEL konnte deshalb in der genannten Publikation mit gutem Grund die These vertreten, dass die Herzgröße einen entscheidenden Einfluss auf die HF_{max} habe, zumal er in einer weiteren, größeren Untersuchung an 423 Probanden zu einem ähnlichen Ergebnis gelangte: Wie in der folgenden Tabelle zu sehen, ging hier eine Zunahme der Herzgröße um 100 ml bzw. um 1 ml/kg mit einem Absinken der HF_{max} um ca. 2,5 bzw. ca. 2,0 Schl./min einher:

Absolute Herzgröße (ml)	n	HF_{max} (Schl./min)	± sx (Schl./min)
600 - 699	50	196,1	± 8,9
700 - 799	72	195,0	± 10,7
800 - 899	90	190,2	± 10,7
900 - 999	95	188,1	± 11,1
1000 -1099	94	184,8	± 11,8
> 1100	31	181,4	± 8,8

Tab. 06: *Korrelation zwischen absoluter Herzgröße und HF_{max} (ISRAEL 1982, 67)*

Relative Herzgröße (ml/kg)	n	HF_{max}(Schl./min)	± sx (Schl./min)
10 - 10,99	51	194,5	± 8,2
11 - 11,99	77	193,8	± 12,6
12 - 12,99	92	188,1	± 11,5
13 - 13,99	93	190,2	± 10,6
14 - 14,99	59	187,4	± 11,3
15 - 15,99	54	185,1	± 10,1
16 - 17,00	32	181,5	± 12,4
> 17,00	13	180,3	± 10,1

Tab. 07: *Korrelation zwischen relativer Herzgröße und HF_{max} (ISRAEL 1982, 67)*

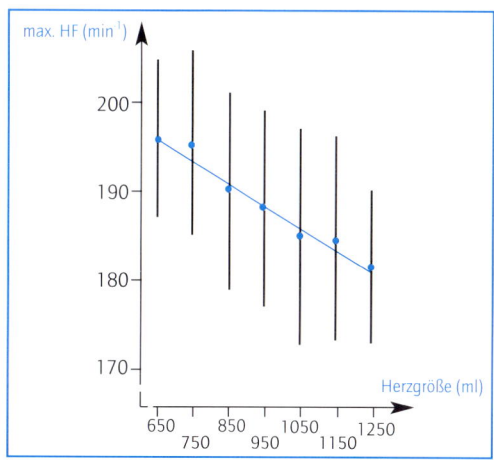

Abb. 10: *Verhalten der HF_{max} in Abhängigkeit von der sport-induzierten Herzgröße (nach: ISRAEL 1982, 68)*

Aus den dargestellten Abhängigkeitsverhältnissen ergibt sich für einen Abbruch oder eine Reduktion des gewohnten Trainings bei Ausdauertrainierten die Feststellung, dass die aus dieser Situation resultierende Zurückbildung der Herzgröße eine Zunahme der HF_{max} zur Folge haben muss. Diesen Effekt beobachtete NEUFER (1989) bereits bei einer Trainingspause von 2-4 Wochen. HOUMARD et al. (1992) stellten bei zwölf Langstreckenläufern fest, dass nach einer 14-tägigen Trainingspause die HF_{max} signifikant (P > 0.001) um 9 Schl./min angestiegen war.

Während Training die funktionelle Kapazität anderer Bereiche des Organismus erweitert, führt bei der HF_{max} ein verbesserter Trainingszustand zu ihrem Absinken. Trotzdem erhöht sich die prozentuale Steigerungsrate der Herzfrequenz und damit die Leistungsfähigkeit des Herzens, weil die HF_{Ruhe} parallel zur HF_{max} ebenfalls absinkt.[3] Das Herz kann bei reduzierter HF_{max} ökonomischer arbeiten und besitzt eine längere Füllungszeit bei vermindertem Sauerstoffbedarf des Herzmuskels (ISRAEL 1982, 70). Nach HOTTENROTT (1993a, 40) beläuft sich der Anstieg der HF_{Ruhe} unter Belastung bei Untrainierten auf das Zwei- bis Dreifache, bei Trainierten auf das Vier- bis Fünffache. ISRAEL (1982, 69) beobachtete Steigerungsraten in Abhängigkeit von der Herzgröße, die in der folgenden Tabelle dargestellt sind:

Absolute Herzgröße (ml)	HF_{Ruhe} (Schl./min)	HF_{max} (Schl./min)	Steigerungsrate in %
600 – 699	70,3	196,1	280
> 1200	50,5	181,4	362
Relative Herzgröße (ml/kg)			
10,0 – 10,99	70,5	194,5	277
> 17,00	49,3	180,3	366

Tab. 08: *Prozentuale Steigerung der Herzfrequenz (nach: ISRAEL 1982, 69)*

Abschließend sei darauf hingewiesen, dass einige Faktoren die HF_{max} beeinflussen können, von denen die folgenden drei Erwähnung verdienen:

1. Höhentrainingslager bewirken bei einem anschließenden Aufenthalt auf Meereshöhe bei Ausbelastung eine höhere HF_{max}, mit der eine größere Leistungsfähigkeit einhergeht (ASTRAND-Effekt). Das bedeutet, dass auch bei gut Ausdauertrainierten die HF_{max} nicht auf einen bestimmten Höchstwert fixiert ist (ISRAEL 1982).

---

[3] Unter sportwissenschaftlich unaufgeklärten Breitensportlern ist die Meinung verbreitet, bei verminderter HF_{max} sei generell die Leistungsfähigkeit des Herzens eingeschränkt.

2. Auch Drogen und Pharmaka können eine höhere HF_{max} bewirken (KIRKPAT-RICK/BIRNBAUM 1997), die eine gesteigerte Leistungsfähigkeit zur Folge haben kann (ISRAEL 1982). Betarezeptorenblocker hingegen senken sowohl die HF_{Ruhe} als auch die HF_{submax} und HF_{max} (BROUSTET 1980; ROST 1984). Je höher die Belastung steigt, umso ausgeprägter ist der Frequenzverlust durch den Einsatz von Betablockern; die *Schere* zwischen einer Herzfrequenzkurve ohne Medikamenteneinsatz und einer solchen mit Medikamenteneinsatz öffnet sich umso mehr, je stärker die Herzfrequenz von HF_{Ruhe} bis zur HF_{max} anwächst. Da das Herzminutenvolumen bei Verabreichung von Betablockern auf gleicher Höhe verharrt, die Herzfrequenz aber niedriger bleibt als beim Unterbleiben des Medikamenteneinsatzes, steigt das Schlagvolumen zwangsläufig an. So wird die Belastbarkeit des gesunden Herzens unter maximaler Belastung eingeschränkt. Bei ständigem Training unter Betablockereinsatz kann die kontinuierlich erzwungene Schlagvolumenerhöhung zu einer unphysiologischen Herzvergrößerung führen (ROST, 1984).

3. Im Rahmen einer Untersuchung über den Einfluss verschiedener Diätformen auf die Laktatleistungskurve im Stufentest registrierten HOFMANN und LAMPRECHT (1998, 84) bei einer Person unterschiedliche HF_{max}-Werte bei gleich bleibender, maximal erreichter Leistung: Während bei fettreicher Kost bis zu 200 Schl./min erreicht wurden, wurden bei kohlenhydratreicher Ernährung 191 Schl./min nicht überschritten. Der letzte Tatbestand widerspricht HOTTENROTTS Vermutung (1995), eine Glykogenverarmung müsse als mögliche Ursache für das Nichterreichen der HF_{max} angesehen werden.

2.4 Maximale Herzfrequenz mit fortschreitendem Alter

Eine fortschreitende, altersbedingte Abnahme der bei maximalen physischen Belastungen erreichbaren Herzfrequenz hat als Erster ROBINSON 1938 beschrieben und die These aufgestellt, dieser Prozess beginne von dem Lebensalter an, in dem die größte körperliche Leistungsfähigkeit erreicht wurde (ROBINSON 1938 in: ISRAEL 1975, 370f.). Dem haben sich bis heute viele Autoren angeschlossen (HOLLMANN 1963; SHEFFIELD et al. 1978 (in: ISRAEL); WEINECK 1996; EDWARDS 1996a; KIRKPATRICK/BIRNBAUM 1997; BURKE 1998). Stellvertretend sei eine Abbildung aus NEUMANN et al. 1998 angeführt:

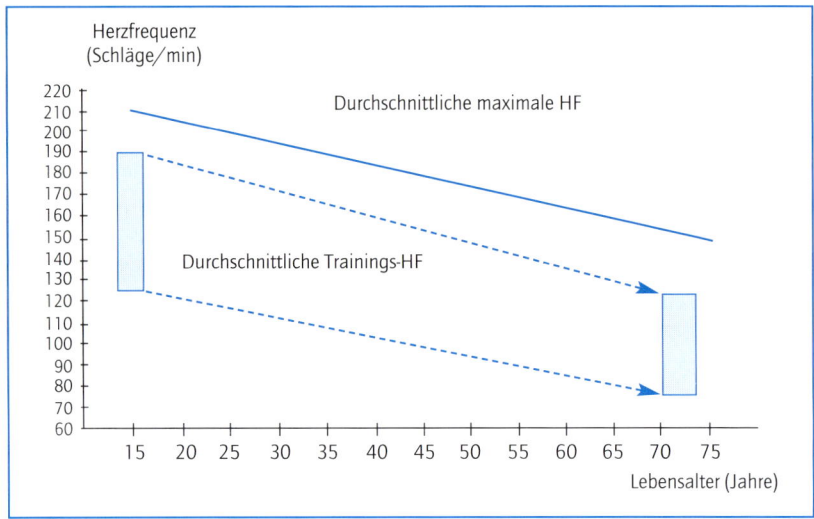

Abb. 11: *HF$_{max}$ im Alternsgang und Bereich der Belastungs-HF (nach: NEUMANN et al. 1998, 205)*

Der Auffassung, die in dieser Darstellung ihren Niederschlag findet, hat ROST (1984, 20) Ausdruck verliehen, wenn er sagt:

„Die maximale Schlagzahl ist eine biologisch festgelegte Größe, sie ist im wesentlichen nur alters-, nicht aber geschlechts- oder trainingsabhängig."

Die Spannbreite der heutigen Diskussion wird durch die Gegenposition von ISRAEL markiert, der (1975, 370) behauptet, dass die

„maximale Herzfrequenz des gesunden Herzens stärker von der körperlichen Leistungsfähigkeit und dem sie verursachenden Bewegungsablauf abhängt als vom Lebensalter".

Die relative Richtigkeit von ISRAELS Auffassung wird sich im vorliegenden Kapitel bei der Erörterung der Formeln zur Berechnung der maximalen Herzfrequenz bestätigen; denn auf diesem Feld herrscht heute eher die Tendenz, den Faktor Lebensalter nicht in vollem Umfange zu gewichten.

Es empfiehlt sich jedoch, zunächst noch einen Blick auf die möglichen Ursachen des altersbedingten Rückgangs der maximalen Herzfrequenz zu werfen:

ASTRAND, HOLLMANN und VENRATH (in: HOLLMANN 1963, 79) sprechen von einem „Bremsvorgang bezüglich der HF_{max} im Alternsgange"; er beginne in frühester Jugend und setze sich bis ins Greisenalter fort. Die Autoren können dafür keine gesicherte Ursache angeben, stellen aber folgende Hypothese auf:

„Mit zunehmendem Alter kommt es zu einer Physiosklerose, eventuell auch Atheromatose der Koronararterien. Sie schränken das koronare Leistungsvermögen und damit die so genannte ‚Koronarreserve' ein. Der Sauerstoffbedarf des Myokard steigt aber – abgesehen vom arteriellen Druck – proportional einer Vermehrung der Herzschlagzahl an. Es wäre nun ein Schutzmechanismus der Natur vorstellbar, welcher entsprechend der abgenommenen Leistungsfähigkeit der Koronarien eine Bremsung der Pulsfrequenz über den Sinusknoten vornimmt. Das Myokard würde so vor einem Sauerstoffmangel unter Arbeit geschützt" (HOLLMANN 1963, 79).

WEZLER (in: HOLLMANN et al. 1967, 90) führt das Absinken der HF_{max} im Alter auf einen Elastizitätsverlust des Myocard zurück, der verhindert, dass es im zeitlich-mechanischen Ablauf zu höheren Kontraktions- und Erschlaffungsfolgen kommt. SIDNEY/SHEPHARD (1977 in: GERBIG 1992) vermuten, dass dieser Elastizitätsverlust auf eine Bindegewebevermehrung und Abnahme der Ca_2++-Myosin ATPase-Aktivität zurückgeht.

Hat das Geschlecht Einfluss auf das altersbedingte Absinken der HF_{max}, oder darf man es statistisch vernachlässigen? Als HOLLMANN (1963, 81) unter jeweiliger Maximalbelastung von 3-5 Minuten Dauer auf dem Fahrradergometer die im Folgenden genannten HF_{max}-Werte ermittelte, erwähnte er zwar, dass die Probandengruppe aus männlichen und weiblichen Personen bestand, doch er berücksichtigte die Geschlechterdifferenzen in der Auswertung nicht, da sie ihm zu gering und in der Tendenz zu uneinheitlich erschienen. Die statistische Streubreite lag zwischen ± 8 und ± 13. In jeder Alterskategorie bestand die Gruppe aus mindestens 15 gesunden, Sport treibenden Personen. Für die achte Lebensdekade standen nur sechs Männer und vier Frauen zur Verfügung:

Alter	20-30 Jahre	31-40 Jahre	41-50 Jahre	51-60 Jahre	61-70 Jahre	71-80 Jahre
HF_{max} (Schl./min)	195	189	182	170	162	145

Tab. 09: *HF_{max}-Werte bei 3-5-minütiger Maximalbelastung auf dem Fahrradergometer (nach: HOLLMANN 1963, 81)*

Auch die in der folgenden Tabelle genannten Autoren berichten über eine Abnahme der HF_{max} im Alter, ohne nach dem Geschlecht zu differenzieren:

Alter	20-29 Jahre	30-39 Jahre	40-49 Jahre	50-59 Jahre	60-69 Jahre	n	Autor
HF_{max} (Schl./min)	187	185	178	170	–	44	ASTRAND
HF_{max} (Schl./min)	197	192	179	167	168	357	CUMMING et al.
HF_{max} (Schl./min)	–	184	180	177	160	144	PROFANT et al.
HF_{max} (Schl./min)	194	186	178	166	165	94	SHEFFIELD et al.

Tab. 10: *HF_{max}-Werte nach Altersdekaden (SHEFFIELD et al. 1978 in: SCHMITH/ISRAEL 1983, 159)*

STRAUZENBERG et al. (1990) berechneten aus den Angaben von neun Untersuchern, die namentlich nicht genannt werden, ein Absinken der durchschnittlichen HF_{max}-Werte nach Altersstufen, das in der nachfolgenden Tabelle dokumentiert ist. Wenn QUIRION et al. (in: GERBIG 1992) im Alterungsprozess eine Abnahme von 0,9 Schl./min pro Jahr beobachteten, befindet sich das in einer relativ auffälligen Übereinstimmung mit den Werten dieser Tabelle:

Alter	21-30 Jahre	31-40 Jahre	41-50 Jahre	51-60 Jahre	1-70 Jahre
HF_{max} (Schl./min)	194	185	177	168	161

Tab. 11: *Geschlechtsunabhängige HF_{max}-Werte nach Altersdekaden (nach: STRAUZENBERG et al. 1990, 82)*

NEUMANN et al. (1993, 206) stellen fest, dass „die Frauen (...) in jüngeren Jahren meist höhere HF_{max} als die Männer" erreichen. Dem entspricht, dass SHEFFIELD et al. (1978 in: SCHMITH/ISRAEL 1983, 159) ein stärkeres Absinken der HF_{max} bei Frauen im Alter beobachteten. Den Grund dafür kann man in dem Hinweis von SCHMITH/ISRAEL (1983, 159) finden, dass ältere Menschen, besonders Frauen, die chronotropen Möglichkeiten ihres Herzens nicht voll ausschöpfen, weil ihnen die Motivation von Jüngeren fehlt und weil sie sich deshalb bei hohen körperlichen Anforderungen aufgrund einer gewissen Ängstlichkeit mehr zurückhalten.

Dieser ganzen Auffassung steht die Behauptung von HOSSACK et al. (in: GERBIG 1992) entgegen, die HF_{max} sinke im Alter schneller bei Männern ab. Der Wert dieser Behauptung lässt sich aber schwer einschätzen, weil die Autoren nur die Herzfrequenzwerte der Männer anführen:

Alter	30-39 Jahre	40-49 Jahre	50-59 Jahre	60-79 Jahre
HF_{max} (Schl./min)	189	182	170	160

Tab. 12: *HF_{max} bei untrainierten Männern (HOSSACK et al. in: GERBIG 1992)*

Während HOSSACK et al. sowie HOLLMANN in der Gruppe der 50-59-Jährigen bzw. der 51-60-Jährigen Mittelwerte von 172 bzw. 170 Schl./min ermittelten, berichtet GERBIG (1992) über Werte von 156 Schl./min in dieser Altersgruppe. Er vermutet, dass die ungewohnte Belastung auf dem Fahrradergometer eine frühzeitige lokale Ermüdung der Oberschenkelmuskulatur herbeigeführt haben könnte.

Die bisher aufgeführten Untersuchungen bilden die Grundlage für unterschiedliche Versuche, die HF_{max} in Formeln zu berechnen. In welchem Maß dabei der Faktor Lebensalter berücksichtigt wird, hängt stark von den Auffassungen ab, deren Divergenz eingangs mit den Zitaten angedeutet wurde, die den Gegensatz zwischen ROST und ISRAEL dokumentierten. In der Trainingspraxis haben sich die Breitensportler seit anderthalb Jahrzehnten nicht nur in Deutschland, sondern in Westeuropa und USA, unter Berufung auf HOLLMANN, ganz überwiegend an der *Faustregel 220* orientiert, wonach die HF_{max} – wenngleich nicht ganz zuverlässig – so berechnet werden kann, dass von einer Konstante 220 das jeweilige Lebensalter abzuziehen ist. Die Formel *220 – LA* (ROST/HOLLMANN 1982, 65), wurde von Autoren wie LEHNERTZ (1989), GIMBEL/KALKBRENNER (1994), PETERS/STEMPER (1996), KIRKPATRICK/BIRNBAUM (1997) NEUMANN et al. (1998) oder BURKE (1998) übernommen, aber dabei des Öfteren durch den Hinweis auf individuelle Schwankungen relativiert, die bis zu (20 Schl./min (!)) reichen sollten.

Während LEHNERTZ (1989, 41) unbeirrt schreiben konnte: „HF_{max} ist eine individuelle Größe, die im wesentlichen nur altersabhängig ist", hatte ISRAEL schon seit 1975 in verschiedenen Untersuchungen zu zeigen versucht, dass die These von der Altersabhängigkeit der HF_{max} nur eingeschränkte Geltung beanspruchen darf. Der Einfluss der Altersvariablen kann in der Formel mithilfe eines darauf bezogenen Regressionskoeffizienten vermindert werden. SCHMITH/ISRAEL (1983, 159) geben den Einfluss des Lebensalters mit einem Regressionskoeffizienten von 0,6 für Frauen und 0,48 für Männer an, nennen allerdings keine Konstante, von welcher der Wert zu subtrahieren wäre. Sie erwähnen andere Autoren, die schon früher ebenfalls einen Regressionskoeffizienten < 1 für beide Geschlechter ermittelt hatten: 0,775 (ROBINSON 1938); 0,411 (LESTER et al. 1968) und 0,740 (BAR-OR/BUSKIRK 1974). 1977 nannten CALVERT et al. bei einer Konstanten von 192 den Koeffizienten 0,7 für Frauen sowie bei der Konstanten 201 den Koeffizienten 0,6 für Männer. In jüngster Zeit wurde die Formel *220 – LA* mehrfach durch die Einfügung von Regressionskoeffizienten modifiziert, so etwa in der Formel *220 – 1/2 LA* von LAGERSTRØM/GRAF (1986), die BUSKIES/BOECKH-BEHRENS (1995) ausdrücklich bestätigt haben. Hier ein tabellarischer Überblick über die neuere Entwicklung:

Autor	Geschlecht	Formel
ROST/HOLLMANN (1982)	w/m	220 – LA
LAGERSTRØM/GRAF (1986)	w/m	220 – 1/2 LA
EDWARDS (1996c)	m	214 – 1/2 LA – 0,11 (Körpergewicht in kg)
EDWARDS (1996c)	w	210 – 1/2 LA – 0,11 (Körpergewicht in kg)
NEUMANN et al. (1998)	w/m	200 – 1/2 LA
NEUMANN et al. (1998)	w/m	210 – 0,8 LA
HILLS et al. (1998)	w	226 – LA
HILLS et al. (1998)	m (trainiert)	205 – 1/2 LA
HILLS et al. (1998)	w (trainiert)	211 – 1/2 LA
HILLS et al. (1998)	m (untrainiert)	214 – 0,8 LA
HILLS et al. (1998)	w (untrainiert)	209 – 0,7 LA
HILLS et al. (1998)	w/m (stark übergewichtig)	200 – 0,5 LA

Tab. 13: *Verschiedenene Formeln zur Berechnung der HF$_{max}$*

ISRAEL vermutete schon 1975, dass es eher bei untrainierten Personen zu einem Absinken der HF$_{max}$ kommt, während ausdauertrainierte Personen mit fortschreitendem Alter keinen bzw. nur einen sehr geringen Rückgang der HF$_{max}$ aufweisen. Die Verminderung der HF$_{max}$ könne einen mangelnden Trainingszustand des Herzens signalisieren. Weil die o.g. Untersuchungen zum größten Teil an älteren, untrainierten Personen durchgeführt wurden, glaubt ISRAEL, dass die Probanden entweder aus mangelnder Koordination oder lokaler Muskelermüdung die Tests zur Ermittlung der HF$_{max}$ nicht bis zur individuellen Ausbelastung des Herz-Kreislauf-Systems vorantreiben konnten. Hierbei muss noch einmal erwähnt werden, dass die HF$_{max}$ vom Testgerät abhängt. Die früheren Untersuchungen von HOLL-

MANN beziehen sich auf HF_{max}-Werte, die auf dem Fahrradergometer ermittelt wurden. BUSKIES/BOECKH-BEHRENS (1995) betonen die höhere metabolische Ausbelastung bei gleicher Herzfrequenz auf dem Fahrrad gegenüber dem Lauf, was bedeutet, dass bei einem HF_{max}-Test auf dem Laufband generell eine höhere Herzfrequenz erreicht wird als auf dem Fahrrad. So gesteht ISRAEL später zwar zu, dass man bei nicht oder wenig Trainierten von einer Abnahme der HF_{max} mit dem Alter sprechen kann, aber er vermutet, dass die Ursachen für diesen Rückgang teilweise außerhalb des Herz-Kreislauf-Systems liegen (ISRAEL 1982, 84).

Im Prinzip – so betont er – ist der Rückgang der HF_{max} mit zunehmendem Alter für ein funktionstüchtiges Herz untypisch und auf Unterforderung zurückzuführen. „Die HF_{max} des gesunden Herzens ist mehr im Zusammenhang mit der biosozial determinierten körperlichen Leistungsfähigkeit als mit dem kalendarischen Alter zu sehen; sie ist mehr Anforderung an das Herz als Vermögen des Herzens" (ISRAEL 1982, 87). In ähnlicher Weise führen NEUMANN et al. (1998, 206) die Abnahme der HF_{max} auf den „Rückgang der sportartspezifischen Schnelligkeitsmotorik infolge Trainingsdefizits" zurück, da ältere Sportler nicht mehr so hohe Geschwindigkeiten im Training und Wettkampf erreichen. Für das langsamere *Anspringen* der Herzfrequenz sind nach ISRAEL zwei Gründe verantwortlich:

1. Im Alter lässt die Fähigkeit zu sehr schnellen Bewegungen nach, weswegen auch mit einer geringeren Akzeleration der Herzfrequenz zu rechnen ist (ISRAEL 1982, 84).
2. Mit wachsendem Alter verändert sich das vegetative Nervensystem. Genügten im körperlichen Höchstleistungsalter noch 20 Sekunden, um die HF_{max} zu erreichen, so ist beim 50-Jährigen etwa die dreifache Zeit (ISRAEL 1975, 372) bzw. die doppelte Zeit (ISRAEL 1982, 85) erforderlich.

Trotzdem können bei extensiven Maximalbelastungen ältere Sportler, falls sie in der Lage sind, eine Langstrecke für ihre Verhältnisse schnell zu laufen, die gleichen HF_{max}-Werte wie junge Sportler erreichen. Hierzu sagt ISRAEL (1975, 372):

„Unter diesen Bedingungen bei den hohen motorischen und metabolen Anforderungen bei der langandauernden Belastung setzt eine markante Umstellung des Vegetativums auf Ergotropie ein, wodurch auch entsprechende Auswirkungen auf die Herzfrequenz eintreten. Auf diese Weise sind Herzfrequenzen um 180 Schl./min bei Personen über 60 Jahre, wie informatorische Messungen bei Altersklassen-Wettkämpfern ergaben, durchaus üblich."
    Bei 14 gut trainierten Altersläufern zwischen 61 und 69 Jahren beobachtete ISRAEL (in: STRAUZENBERG et al. 1990, 82) eine HF_{max} von 194 ± 7 Schl./min. In einem Längsschnittvergleich berichtet ISRAEL sogar über den Anstieg der

HF_{max} bei einem Sportler vom 25. bis zum 45. Lebensjahr. Die Herzgröße des Probanden betrug bei der ersten Untersuchung 1.080 ml, 20 Jahre später nur noch 860 ml.

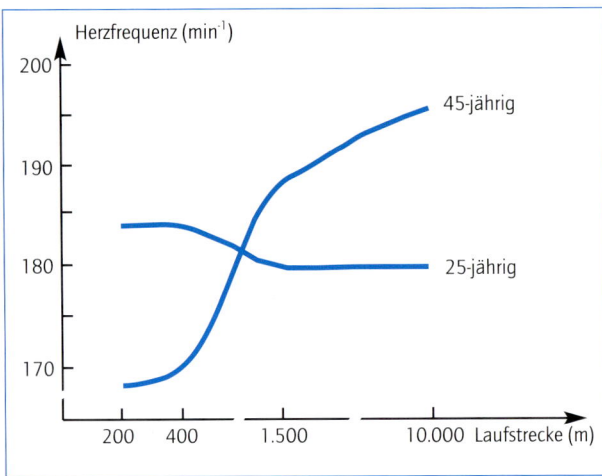

Abb. 12: *Verhalten des Abbruchwerts der Herzfrequenz nach Wettkämpfen im Lauf; die Kurven repräsentieren Werte, die im Abstand von 20 Jahren ermittelt wurden (nach: ISRAEL 1975, 370).*

ISRAELS Ergebnisse werden durch BRINGMANN et al. gestützt, die feststellten, dass ein Ausdauertraining bei Personen zwischen 60 und 85 Jahren zu einer höheren HF_{max} führt (in: ISRAEL 1975, 371):

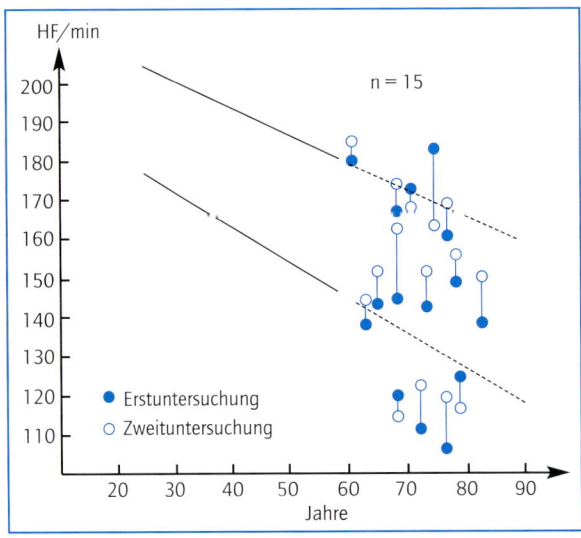

Abb. 13: *Beziehung zwischen Lebensalter und HF_{max} vor und nach einem Ausdauertraining betagter Personen (nach: BRINGMANN et al. in: ISRAEL 1975, 371)*

2.5   Herzfrequenz und Sauerstoffaufnahme

Die Sauerstoffaufnahme (VO_2) gehört ebenso wie die Herzfrequenz zu den messbaren Parametern der physiologischen Belastung bei sportlicher Aktivität. Eine
hohe VO_{2max} begünstigt eine gute Leistung in Ausdauersportarten (SLEAMAKER
1991; EDWARDS 1996a; BURKE 1998). In Deutschland hat man in den letzten
Jahrzehnten der Laktatmessung gegenüber der VO_{2max}-Bestimmung in der Leistungsdiagnostik einen höheren Stellenwert eingeräumt, im Gegensatz zum englischsprachigen Ausland. DICKHUTH et al. (1996, 183) bemerken hierzu: „So sind
spiroergometrische Größen oder kardiopulmonale Parameter wie die Herzfrequenz
auch hinsichtlich der praktischen Anwendung keineswegs von geringer Bedeutung und werden in der internationalen Literatur deutlich höher bewertet."

Die Sauerstoffaufnahme steht in enger Korrelation zur Herzfrequenz (HOLL-
MANN/HETTINGER 1990; GILMAN 1996). KATCH et al. (1978) nennen eine
Korrelation von r = 0.97. EDWARDS (1996a) und BURKE (1998) beobachteten
zwischen der Herzfrequenz und der Sauerstoffaufnahme folgende Beziehungen:

% HF_{max}	% VO_{2max}	% HF_{max}	% VO_{2max}
50 – 60	< 50	35	30
60 – 70	50 – 60	60	50
70 – 80	60 – 75	80	75
80 – 90	75 – 85	90	84
90 – 100	85 – 100	100	100

Tab. 14: *Beziehung zwischen Herzfrequenz und Sauerstoffaufnahme (linke Spalten: EDWARDS 1996a, 53; rechte Spalten: BURKE 1998, 8)*

In beiden Tabellen entspricht die prozentuale maximale Herzfrequenz nicht exakt der prozentualen maximalen Sauerstoffaufnahme. Im Bereich von 100%
nähert sich beides einander an. KARVONEN/VUORIMAA (1988, 306) geben
aber zu bedenken, dass nach einer Untersuchung von ASTRAND und RODAHL
(1970) die VO_{2max} auch nach Erreichen der HF_{max} noch weiter ansteigen kann.
Wenn der Ausdauersportler mit einem bestimmten Prozentsatz seiner HF_{max} trainiert, lässt sich die Sauerstoffaufnahme – unabhängig von Geschlecht und Alter –
relativ genau bestimmen. EDWARDS (1996a, 53) vertritt die These, dass in dem
Bereich zwischen 50% und 100% zwischen der VO_{2max} und der HF_{max} eine voraus-
sagbare Korrelation besteht, die bis auf 8% Abweichung voneinander genau ist.

KARVONEN/VUORIMAA (1988, 305) berichten über Abweichungen von ca. 5%. HOLLMANN/HETTINGER (1990, 409) bestätigen allgemein eine hohe Korrelation, erwähnen aber einzelne Ausnahmen auf Grund starker Schwankungen der HF_{max}.

Nach SLEAMAKER (1991, 85) besteht das Hauptziel eines systematischen Ausdauertrainings in einer Steigerung der maximalen Sauerstoffaufnahmefähigkeit. Hierbei muss berücksichtigt werden, dass die absolute maximale Sauerstoffaufnahme (VO_{2max}) nicht der einzige Indikator einer hohen Leistungsfähigkeit ist. Von Bedeutung für den Langstreckenlauf ist außerdem der prozentuale Ausnutzungsgrad der VO_{2max} beim einzelnen Sportler in aerober Stoffwechsellage. Zwei Marathonläufer der Weltklasse wiesen keine höhere VO_{2max} als nationale Spitzenläufer auf, konnten aber in einem höheren prozentualen Bereich der VO_{2max} noch im aeroben Stoffwechsel laufen (SLEAMAKER 1991).

Trainingspläne, die nach Angaben der HF_{max} entwickelt werden, orientieren sich in ihren Intensitätsbereichen an den prozentualen Vorgaben der VO_{2max} und müssen die Unterschiede zwischen Sauerstoffaufnahme und Herzfrequenzverhalten berücksichtigen. KARVONEN (1988) entwickelte unter Einbeziehung der Ruheherzfrequenz in die Berechnung eine Methode, bei der die Werte von HF_{max} und VO_{2max} zwischen 75% und 100% einander annähernd entsprechen. Während bei den beiden o.a. Tabellen von BURKE UND EDWARDS die prozentuale Intensitätsangabe in einem Intervall von 0 bis zur HF_{max} berechnet wird, bezieht sich die prozentuale Errechnung bei KARVONEN auf ein Intervall zwischen HF_{Ruhe} und HF_{max}. Auf diese Weise berücksichtigt KARVONEN bei den Herzfrequenzvorgaben für das Training neben der möglichen Veränderung der HF_{max} auch die Veränderung der HF_{Ruhe}. Die Trainingsintensität nach der KARVONEN-Methode lässt sich mit folgender Formel berechnen:

$$(HF_{max} - HF_{Ruhe}) - \% \text{ Trainingsintensität} + HF_{Ruhe} = HF_{Training}$$

(KARVONEN et al. 1957, 309)

Demgegenüber lautet die Formel der Standardmethode:

$$HF_{max} - \% \text{ Trainingsintensität} = HF_{Training}$$

(HOLLMANN/HETTINGER 1990, 488)

Die folgende Tabelle verdeutlicht die großen Unterschiede in einer submaximalen Belastungssteuerung aufgrund von prozentualen Vorgaben nach der HF_{max} in Abhängigkeit vom Berechnungsverfahren.[4]

---

[4] Viele Software-Anbieter im Bereich der Herzfrequenzanalyse (wie z.B. POLAR mit der Advisor Software TM für Windows 1996) bieten dem Benutzer mit einem Mausklick die Wahl zwischen beiden Möglichkeiten.

% VO_{2max}	Übliche Methode	KARVONEN-Methode
50%	90 Schl./min	120 Schl./min
60%	108 Schl./min	132 Schl./min
70%	126 Schl./min	144 Schl./min
80%	144 Schl./min	156 Schl./min
90%	162 Schl./min	168 Schl./min
100%	180 Schl./min	180 Schl./min

Tab. 15: *Unterschiedliche Errechnung der Intensitätsstufen von der HF_{max} bei einem Sportler mit einer HF_{max} von 180 Schl./min und einer HF_{Ruhe} von 60 Schl./min*

SLEAMAKER (1991, 80) ermittelte nach der KARVONEN-Methode die prozentuale Belastungsintensität von der HF_{max}, wobei im Bereich ab 75% die Prozentangaben der HF_{max} und VO_{2max} übereinstimmen, was WELTMAN et al. (in: GILMAN 1996, 77) bestätigen.

Stufe	% HF_{max}	% $VO_{2\,max}$	Trainingskomponente
I	60 – 70	55 – 65	Überdistanz
II	71 – 75	66 – 75	Ausdauer
III	76 – 80	76 – 80	Ausdauer
IV	81 – 90	81 – 90	Tempoeinheiten
V	91 – 100	91 – 100	Wettkämpfe

Tab. 16: *Physiologische Anpassungen bei verschiedenen Trainingsintensitäten nach KARVONEN (SLEAMAKER 1991, 80)*

Wie oben beschrieben, stützt sich die Steuerung des Trainings über die prozentualen Intensitätsangaben in Abhängigkeit von der HF_{max} auf die Forschungsergebnisse der VO_{2max}. KATCH et al. (1978) warnen aber vor einem unreflektierten Einsatz der Herzfrequenz zur Trainingssteuerung, weil der alleinige Wert der HF_{max} keine Information liefern kann, in welchem Prozentbereich der HF_{max} der Sportler im anaeroben Stoffwechsel trainiert. Gleiches schreiben DWYER/BYBEE (1983), die herausfanden, dass die anaerobe Schwelle zwischen 75-90% der HF_{max} bzw. zwischen 58-75% VO_{2max} liegen kann. GAISL (1979) und WEINECK (1996) nennen sogar noch niedrigere untere Werte von 45% und 40% VO_{2max} bei Untrainierten. Es muss berücksichtigt werden, dass Ausdauertraining nicht nur eine höhere VO_{2max} bewirkt, sondern mit zunehmender Ausdauerleistungsfähigkeit auch den Ausnutzungsgrad der VO_2 in aerober Stoffwechsellage erhöht (HOLLMANN/

HETTINGER 1980; NEUMANN 1993; WEINECK 1996). Dies bedeutet für die konkrete Erstellung von Trainingsplänen an Hand der HF_{max} eine mögliche Ungenauigkeit im Intensitätsbereich der anaeroben Schwelle. Trotzdem wird diese Art der Trainingssteuerung von einer immer größer werdenden Gruppe amerikanischer als auch deutscher Freizeitläufer bevorzugt genutzt (EDWARDS 1996a; BURKE 1998; RÖCKER 1998).

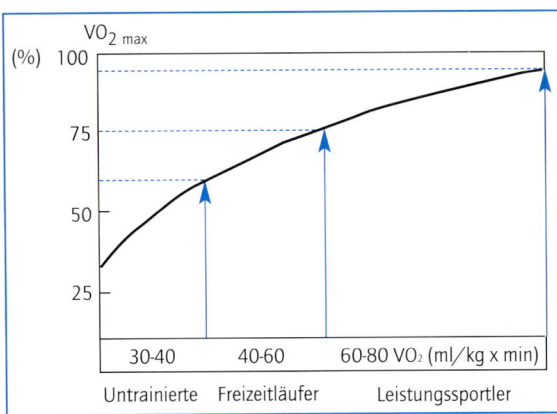

Abb. 14: *Nutzung von Anteilen der VO_{2max} in aerober Stoffwechsellage in Abhängigkeit von der Leistungsfähigkeit (aus: NEUMANN 1991a, 132)*

Nicht zuletzt aus diesem Grund halten KARVONEN/VUORIMAA (1988, 303f.) deshalb einen Laufbandtest, bei dem neben der Sauerstoffaufnahme auch noch Laktat und Herzfrequenz gemessen werden, für eine geeignete Methode, sowohl die Trainingsgeschwindigkeit als auch die Trainingsherzfrequenz zu bestimmen.

2.6   Methoden der Herzfrequenzmessung

2.6.1   Geschichtlicher Abriss

Chinesische Ärzte haben seit Jahrtausenden die *Dreifingermethode* am Handgelenk ihrer Patienten eingesetzt, um Herzfrequenz und Blutdruck zu ermitteln (EDWARDS 1996b). In der europäischen Kultur erkannte schon der griechische Arzt PRAXAGORAS in der zweiten Hälfte des 4. Jahrhunderts v. Chr. die Bedeutung der Herzfrequenz für Prognose und Diagnose (DER KLEINE PAULY Bd. 4, 1979, 1122). Im folgenden Jahrhundert befasste sich sein Schüler HEROPHILOS im Rahmen von Studien zur Anatomie und Physiologie des Menschen besonders mit dem Phänomen des Pulses (DER KLEINE PAULY Bd. 2, 1979, 1109), den er mithilfe einer Wasseruhr zählte (DIEPGEN 1949, 170). Erst in unserem Jahrhundert eröffnete sich die Möglichkeit, solchen Messungen mithilfe der modernen Technik eine völlig neuartige Genauigkeit zu verleihen.

Im Jahre 1902 erfand W. EINTHOFEN das Saitengalvanometer, einen Vorläufer des Elektrokardiogramms (MAYRHOFER 1937, 124). Nach der Gründung des „Deutschen Komitees zur wissenschaftlichen Erforschung der Leibesübungen" 1912 in Oberhof (Thüringen) versuchte die Sportmedizin verstärkt, die Mess- und Analysemethoden der Arbeitsmedizin für ihr Gebiet zu nutzen. Die Herzfrequenz wurde palpatorisch über eine Minute ermittelt. Hilfsmittel wie der fotoelektronische Pulsmesser, der Kardiotachograf, das Phonendoskop und das Stethoskop wurden eingesetzt. Das Problem, Messungen auch unter Belastung auszuführen, wurde gelöst, indem Phonendoskop und Stethoskop mit einem Plastikrohr verlängert und mit einem Gummirohr am Thorax fixiert wurden (KLIMT 1988, 525f.). 1930 entwickelte FLEISCH einen Pulszeitschreiber, der eine fortlaufende Registrierung der Herzfrequenz sowohl während des Übergangs vom Ruhezustand zur Belastungsphase als auch während der Belastung ermöglichte (TIITSO 1937 in: HOTTENROTT 1993a, 10).

In den 60er Jahren wurden erste Bandspeichergeräte (Holter-Aviomics) hergestellt, die das EKG bis zu 24 Stunden registrierten und eine Auswertung der Herzfrequenz mit 60-facher Geschwindigkeit ermöglichten (HECK 1998). Bereits Mitte der 60er Jahre brachten die ostdeutschen LINDNER und JUNKER an der Kleidung von Radrennfahrern einen Sendegurt an, der über eine 2 m lange Antenne den Herzschlag übermittelte. Im nachfolgenden Wagen wurden die über Funk gesendeten Herztöne gezählt und auf Millimeterpapier übertragen. So entstanden die ersten telemetrischen Herzfrequenzverlaufskurven (BEUKER 1998).

1978 stellte POLAR Electro Oy (Finnland) ein Herzfrequenzmessgerät (Tunturi Pulser) vor, das, von einem Brustgurt ausgehend, in den EKG-Elektroden und Elektronik integriert waren, über ein Kabel die aktuelle Herzfrequenz auf einen Monitor am Handgelenk übertrug, der einer Uhr ähnelte. 1983 wurde von der gleichen Firma der PE 2000 eingeführt, das erste HF-Messgerät, das seine Daten drahtlos, nämlich über elekromagnetische Induktion, von einem Brustgurt zum Handgelenk übertrug. Im Vergleich zur EKG-Messung wurden durchschnittliche Frequenzen mit Abweichungen bis zu 5 Schl./min, bei Einzelmessungen zwischen 0-10 Schl./min festgestellt. Die Differenzen wurden auf unterschiedliche Berechnungsamplituden beim EKG und PE 2000 zurückgeführt (KARVONEN et al. 1984). War die drahtlose Herzfrequenzbestimmung früher mit einem hohen apparativen Aufwand verbunden (KLIMT 1964), stand nun mit der Entwicklung des o.a. Geräts eine HF-Messmöglichkeit zur Verfügung, die für die Trainingssteuerung in Leistungs- und Breiten- sowie Gesundheitssport eine revolutionäre Neuerung bedeutete.

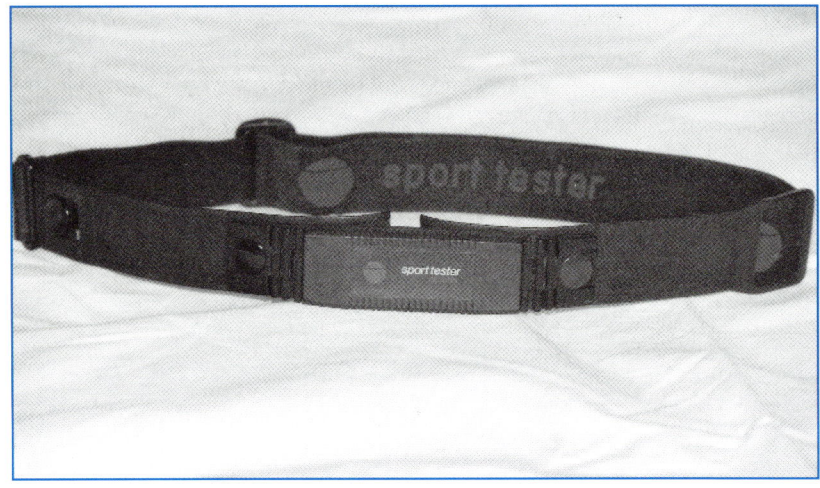

Abb. 15: *Brustgurt der Firma POLAR Electro Oy*

Schon ein Jahr später, 1984, erfolgte eine weitere Verbesserung durch den PE 3000, dessen gespeicherte Werte über ein Interface auf einen Personal Computer übertragen wurden. VOGELAER et al. (1986 in: LAUKKANEN/VIRTANEN 1998) verglichen die Werte des PE 3000 mit dem Holter EKG an 20 Probanden während der Belastung und verzeichneten Ergebnisse mit geringen Abweichungen. SEA-WARD et al. (1990 in: LAUKKANEN/VIRTANEN 1998) untersuchten die Genauigkeit des POLAR-Geräts durch eine Versuchsreihe an 250 Probanden in der Ruhephase und während verschiedener sportlicher Aktivitäten. Im Frequenzbereich zwischen 55 und 177 Schl./min stellten sie einen Korrelationskoeffizienten von 0.9979 zum EKG fest.

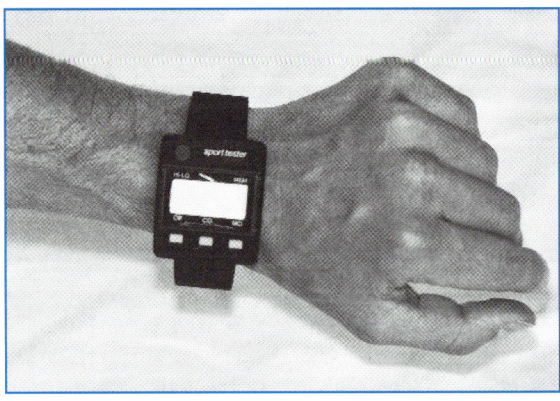

Abb. 16:
Sport Tester PE 3000

Ein Problem bei der drahtlosen Übertragung zum Empfänger am Handgelenk stellte die Ablenkung der Sender nahe beieinander betriebener Geräte dar. Das Ablesen der Herzfrequenzen in einer Gruppe von Sportlern, die mit Herzfrequenzmessgeräten ausgestattet war, konnte oft verfälscht werden. Diesem Problem begegnete POLAR 1995 mit der Entwicklung des Vantage NV TM, der über eine kodierte Übertragung vom Sender nur seinen eigenen Empfänger mit Daten beliefert.

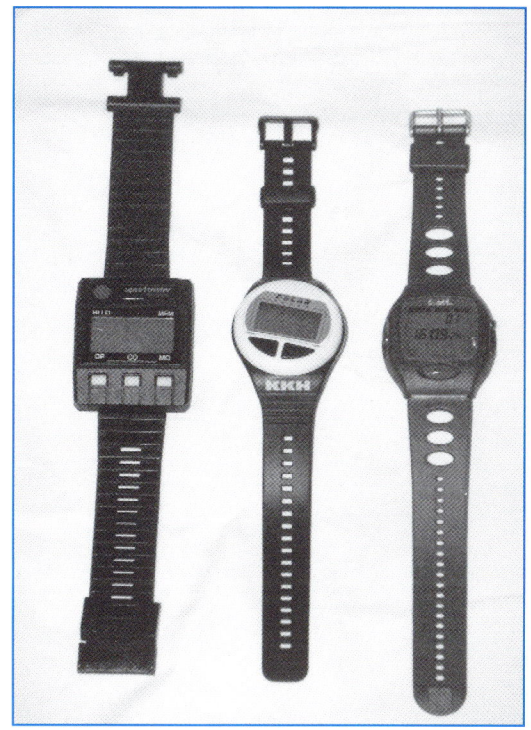

Abb. 17: *Sport Tester PE 3000, POLAR Pacer und POLAR Accurex Plus*

Seit 1997 bietet die neueste Erfindung, der POLAR Smart Edge, seinem Benutzer die Möglichkeit, über Alters-, Gewichts- und Geschlechtsangabe in einem auf ihn zugeschnittenen „OwnZone"-Programm zu trainieren. Der Sportler wärmt sich in fünf Stufen steigender Intensität auf und erhält anschließend eine kontinuierliche Rückmeldung, ob er in einem für ihn geeigneten Herzfrequenzbereich trainiert oder nicht. Laut Hersteller geschieht dies über die Varianz der Herzfrequenz, die in der Ruhephase am größten und bei 65% der maximalen Herzfrequenz am kleinsten sei. Dieser ermittelte Wert bildet die untere Grenze der „OwnZone", die – so der Produkthersteller – bis etwa 80% der HF_{max} verläuft. Erste Tests lassen vermuten, dass die Intensität in dem errechneten HF-Intervall den Sportler nicht überlastet, sondern eher unterfordert (PARDEY in: FAZ 1998).

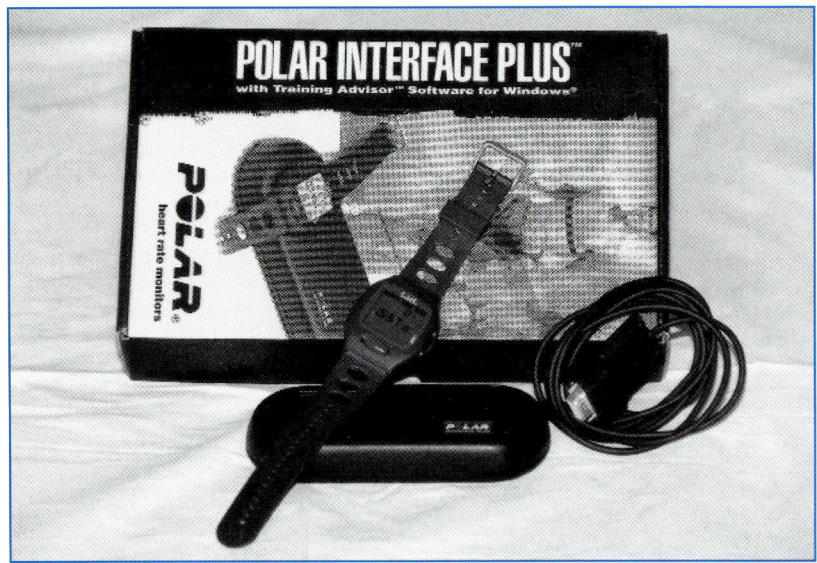

Abb. 18: *POLAR Accurex Plus mit Interface*

Zur Zeit bieten sich vier praktikable Methoden zur Ermittlung der Herzfrequenz an:

- Palpatorisches Verfahren.
- Fotoelektronische Messung am Ohrläppchen.
- Dehnungsmessstreifen an der Fingerkuppe.
- EKG-Prinzip.

Tab. 17: *Vier Methoden zur Ermittlung der Herzfrequenz des Sportlers*

2.6.2 Palpatorisches Verfahren

Während bei der in Ruhe vorgenommenen, palpatorischen Herzfrequenzbestimmung keine Messprobleme auftreten, kann eine Messung nach der Belastung Fehler enthalten. Unmittelbar im Anschluss an die sportliche Leistung ermittelte Werte lassen nämlich nur bedingt Rückschlüsse auf die tatsächliche Herzfrequenz während der Belastung zu. In den ersten 20-30 Sekunden nach der Belastung sinkt die Herzfrequenz relativ schnell ab, sodass die dann gemessenen Werte von der tatsächlichen Belastungsfrequenz abweichen. ISRAEL (1982, 54) berichtet von + 4 Schl./min Differenz. MELLEROWICZ/LERCHE (1958, 456) verzeichnen einen Messfehler von 5 Schl./min bei der auskultatorischen Bestimmung. STRAUZENBERG/FELLER (1967, 101) empfehlen, die Zeit zwischen Belastungs- ende und erstem feststellbaren Pulswert genau festzuhalten, um anschließend die nach rechts exponenziell abfallende Kurve der Herzfrequenz nach links oben zu ergänzen bzw. mathematisch zu ermitteln. Diese komplizierte Errechnungsme- thode, die verständlicherweise einen hohen Fehlerquotienten aufwies, wird heut- zutage dank der Technik der modernen Herzfrequenzmessgeräte nicht mehr benötigt.

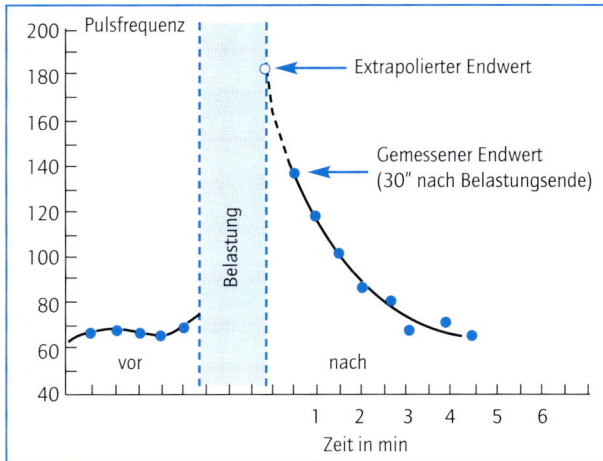

Abb. 19: *Absin- ken des Belas- tungswerts nach Beendigung der Leistung (nach: S T R A U Z E N - B E R G / F E L L E R 1967, 101)*

2.6.3 Fotoelektronisches Prinzip und Messung über einen Dehnungsstreifen

Die Ermittlung der Herzfrequenz nach dem fotoelektronischen Prinzip hält VÖL- KER (1995) für bedingt geeignet. Er ermittelte mit der Casio-Uhr BP 100 bei (al- lerdings nur) 71% der erfolgreichen Messungen eine Abweichung von + 5 Schl./min. HOTTENROTT (1993a, 9) bezeichnet sowohl dieses Verfahren als auch die Messung über einen Dehnungsmessstreifen am Finger als ungenau und störanfällig. Außerdem ist ihr Einsatz in nur wenigen Sportarten möglich, bei de- nen man entweder sitzt oder sich nicht zu stark bewegt (Fahrrad fahren, Rudern, Schach u.Ä.). Vor allem in der Fahrradergometrie ermittelte man früher nach dem fotoelektronischen Prinzip am Ohrläppchen die Herzfrequenz, die dann auf dem Display des Ergometers ablesbar war. Mittlerweile wird diese Messung zum Teil durch EKG-genaue Herzfrequenzmessgeräte ersetzt, deren Werte dann allerdings auf einem uhrähnlichen Display am Handgelenk abgelesen werden.

2.6.4   Herzfrequenzmessung nach dem EKG-Prinzip

Das Elektrokardiogramm (EKG) gibt die Summe der Aktionspotenziale des Herzens wieder. Aufgrund der guten elektrischen Leitfähigkeit der Gewebe ist es möglich, das EKG an verschiedenen Stellen der Körperoberfläche als Potenzialdifferenz abzunehmen (STEGEMANN 1984, 119). Es bietet bei Gesundheits- bzw. Leistungstests (z.B. auf dem Fahrradergometer) neben verschiedenen anderen Parametern die genaueste Möglichkeit zur Ermittlung der Minutenherzfrequenz, die sowohl in Ruhe als auch bei Belastung gemessen und gespeichert werden kann. Der Elektrokardiograf druckt die Herzstromkurve, aus deren R-R-Abständen sich der Momentanwert der Herzfrequenz nach folgender Formel errechnen lässt:

HF (min -1) = (Papiergeschwindigkeit in mm x 60) / (R-R-Abstand in mm)

Die Minutenherzschlagfrequenz lässt sich aus einer, drei, fünf oder zehn Herzperioden errechnen. HOTTENROTT (1993a, 35) verdeutlicht an Hand eines Sportstudenten mit respiratorischer Arrhythmie korrekt errechnete Unterschiede der Minutenherzfrequenz.

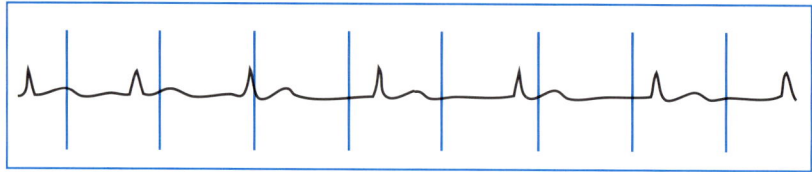

Abb. 20: *Herzstromkurve eines Sportstudenten in Ruhe (sitzend) über vier Sekunden Dauer mit respiratorischer Arrhythmie (nach: HOTTENROTT 1993a, 35)*

Nach obiger Formel wird nun die so genannte *Momentanherzfrequenz* für einzelne Herzperioden berechnet. Die HF-Werte reichen von 81-104 Schl./min. Bei fünf Herzperioden ergibt sich ein mittlerer Wert von 90 Schl./min.

Herzperioden	1	2	3	4	5	6
T_{1p}	104	100	87	82	81	84
T_{3p}		96			83	
T_{5p}			90			

Tab. 18: *Die errechnete Minutenherzschlagfrequenz aus der Länge von einer, drei und fünf Herzperioden (= T_{1p}, T_{3p}, T_{5p}) bei einer Bandgeschwindigkeit von 50 mm/s (HOTTENROTT 1993a, 35)*

Das angegebene Beispiel verdeutlicht die Notwendigkeit, über einen längeren Zeitraum die Herzfrequenz auszuzählen, z.B. eine ganze Minute bei der Ermittlung der Ruheherzfrequenz, weil sonst durch den Effekt der respiratorischen Arrhythmie und kurzzeitige Zählung extreme Bradykardien vorgetäuscht werden können (HOTTENROTT 1993a).

GODSEN et al. (1991) verglichen an Hand von 2.633 Herzfrequenzmessungen, die auf dem Laufband, beim Rudern, auf dem Kurbel- bzw. Fahrradergometer und beim Krafttraining gemacht wurden, den POLAR Sport Tester mit dem EKG. Sie verzeichneten Abweichungen von maximal +6 Schl./min über 95% der Zeit. In einer Untersuchung ordneten LEGER/THIVIERGE (1988) 13 Pulsmessgeräte, die nach oben angegebenen Prinzipien arbeiten, in Bezug auf ihre Validität, Stabilität und Funktionalität in drei Kategorien ein. Auf Grund eines Korrelationskoeffizienten (r > 0.93) zum EKG bei einer Fehlerabweichung von weniger als 6,8% wurden folgende Geräte in die obere Kategorie eingeordnet:

- Exersentry (RESPIRONICS LTD, Hongkong)
- PE 3000 (POLAR Electro, Finnland)
- Pacer 2000 H (SPORTRONIC AG, Schweiz)
- Monark 1 (MONARK-CRESCENT, Schweden)

In die zweite Kategorie (r > 0.84 und Fehler bis zu 11,7%) wurde lediglich ein Gerät, das Seiko 1 (SEIKO, Japan), aufgenommen. Alle Messgeräte der ersten und zweiten Kategorie nahmen wie beim EKG die elektrischen Aktionsströme des Herzens über Brustwandelektroden auf. Die übrigen acht Geräte, die nach dem fotoelektronischen Prinzip bzw. der Messung des Dehnstreifens an der Fingerkuppe verfuhren, wiesen einen zu großen Messfehler auf, sodass ihr Einsatz dem Sportler nicht empfohlen werden konnte.

HOTTENROTT (1993a, 62ff.) vergleicht in einer Untersuchung an zehn Triathleten (insgesamt 20 Tests) auf einem Fahrradergometer die Messgenauigkeit des POLAR Sport Testers mit dem Elektrokardiografen von HELLIGE. Der mittlere Fehler liegt im Bereich von 0,6-1,7 Schl./min bzw. 0,3-1,4%. Die Werte des Sport-Testers, in einem Fünf-Sekunden-Intervall ermittelt, unterscheiden sich nicht signifikant von den aus einem Fünf-Perioden-Zeitraum errechneten des EKGs (insges.: 655 Einzelherzfrequenzwerte). Insofern eignen sich EKGs-genaue Herzfrequenzmessgeräte für Vergleichsbetrachtungen im praktischen Teil dieser Arbeit.

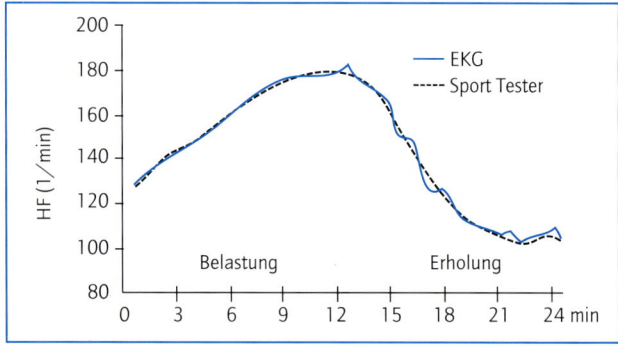

Abb. 21: *Ver-gleich der mittle-ren Herzfrequen-zen (n = 20): a) EKG-Protokoll Tp5 (....), b) Sport Tester T5s (....) (nach: HOTTEN-ROTT 1993a, 64)*

2.7 Problematik der Trainingssteuerung im Freizeitsport

Welche Möglichkeiten zur Trainingssteuerung dem Breitensportler im Bereich des Laufens angeboten werden, lässt sich bei einer Reihe von Autoren nachlesen. Die folgende Einteilung dieser Möglichkeiten ist allgemein akzeptiert:

Trainingssteuerung durch:

- Subjektives Belastungsempfinden
- Atmung
- Pulsfrequenz
- Laktat

Tab. 19: *Möglichkeiten der Trainingssteuerung (nach: BUSKIES/BOECKH-BEHRENS 1995, 35ff.)*

Steuerungsparameter	Beim Laufen
Laktat	bis 4 mmol/l
Pulsfrequenz	Trainingspulsfrequenz = 190 - Lebensalter ± 5 Schl./min oder 60-75% Intensität nach KARVONEN-Formel
Subjektives Belastungsempfinden	leicht; leicht bis mittel; mittel
Atmung	Nasenatmung, Ein- und Ausatemaktion auf 8-6 Schritte (Vierer- bzw. Dreier-Schritt-Atemrhythmus)
Motto	„Laufen ohne zu schnaufen" – „Sprechtest"
Wohlbefinden	„Sich wohl fühlen"

Tab. 20: *Möglichkeiten zur Dosierung der Belastungsintensität beim Ausdauertraining (nach: BUSKIES/BOECKH-BEHRENS 1995, 34)*

Die einfachste Möglichkeit, ein Ausdauertraining zu gestalten, besteht in vagen Hinweisen, wie etwa: „Lauf locker!", „Lauf lieber länger als schneller!" oder „Laufen ohne zu schnaufen", oder man bedient sich des „Sprechtests" (BUSKIES/BOECKH-BEHRENS 1995; BOECKH-BEHRENS/BUSKIES 1995). Obwohl solche Verfahren, die schon vor über zwei Jahrzehnten üblich waren, heute an Bedeutung verloren haben, werden sie noch immer als grobe Hilfe zur Trainingsgestaltung eingesetzt. Ebenso stützte und stützt man sich auf eine subjektive Belastungseinschätzung nach einer siebenstufigen Skala von *sehr leicht* bis *sehr schwer* oder nach der BORG-Skala. Wie GROSSER et al. (1986) gezeigt haben, sind beide Parameter zur Intensitässteuerung unzureichend. VÖLKER et al. (1985) konnten zwischen subjektivem Belastungsempfinden und objektiven Belastungskriterien keine gesetzmäßige Beziehung entdecken.

Als besseres Kriterium zur Belastungsdosierung hat sich der Viererrhythmus erwiesen (vier Schritte ein- und vier Schritte ausatmen). Verschiedene Untersuchungen bestätigen, dass er zu einer Belastung im aeroben Bereich führt (GROSSER et al. 1986; BUSKIES et al. 1992; BUSKIES/BOECKH-BEHRENS 1995). Der Einsatz dieser Methode scheint besonders auch für Menschen in der vierten bis sechsten Lebensdekade geeignet (JABLONSKI et al. 1987). Der Dreierrhythmus hingegen (drei Schritte ein- und drei Schritte ausatmen) wird nur Jüngeren und Trainierten empfohlen, während Untrainierten wegen der Gefahr der Überforderung davon abgeraten wird (BUSKIES et al. 1992).

Von solch unpräzisen Trainingsempfehlungen ist der Versuch zu unterscheiden, die Laufgeschwindigkeit im Ausdauertraining über die Herzfrequenz zu steuern. Schon vor über 25 Jahren wurden die ersten differenzierten Trainingsnormen für den Breitensport entwickelt. Sie enthielten Herzfrequenzvorgaben, die zwar bis heute in der Diskussion sind, allerdings an Bedeutung verloren haben (NEUMANN et al. 1993, 147). Hier sei an BAUM (1971, 20) erinnert, der *170 minus Lebensalter* beim Freizeitsportler für die angemessene Trainingsherzfrequenz hielt. HOLLMANN (1983) stellte die bekannte Formel *180 minus Lebensalter* für das breitensportliche Ausdauertraining auf. SCHMITH/ISRAEL (1983) bestimmten zur gleichen Zeit die geeignete Herzfrequenz mit 170 – 1/2 Lebensalter ± zehn Schläge pro Minute. GREINERT (1979) hatte schon differenziert und für Anfänger vorgeschlagen: 180 – Lebensalter ± 10 Schl./min, für Fortgeschrittene: 190 – Lebensalter ± 10 Schl./min.

Autoren	Formel (in Schl./min)	Sportler
BAUM (1971)	170 – LA	w/m
GREINERT (1979)	180 – LA ± 10	w/m (Anfänger)
GREINERT (1979)	190 – LA ± 10	w/m (Fortgeschrittene)
SCHMITH/ISRAEL (1983)	170 – 1/2 LA ± 10	w/m
HOLLMANN (1983)	180 – LA	w/m
GROSSER et al. (1986)	130 bis zum 50. Lebens-jahr, darüber 180 – LA (untere Grenze)	
BOECKH-BEHRENS/ BUSKIES (1995)	190 – LA ± 3	w/m
NEUMANN (1993)	180 – LA + 5 jenseits der dritten Dekade	w/m
NEUMANN (1993)	200 – LA (obere Grenze)	w/m

Tab. 21: *Allgemeine Formeln zur Herzfrequenzbestimmung im Ausdauertraining*

Als es noch keine tragbaren HF-Geräte gab, konnten Sportler ihre Herzfrequenz durch palpatorische Pulsmessung ermitteln, was natürlich auch heute noch Nicht-besitzern eines solchen Geräts möglich ist: Der Läufer zählt seinen Puls an bestimmten Körperstellen in einem Intervall von zehn oder 15 Sekunden und multipliziert diesen Wert mit dem Faktor 6 bzw. 4, um die Herzschlagfrequenz pro Minute zu erhalten (BLÖDORN/SCHMIDT 1986). Eine solche Messung ist entweder nach dem Lauf oder auch während des Laufs möglich, aber nur, indem der Lauf unterbrochen wird, was den Bewegungsrhythmus beeinträchtigen kann (BUSKIES/BOECKH-BEHRENS 1995). Dieses Verfahren ist relativ ungenau, da auf Grund des kurzen Messintervalls sowohl Zähl- als auch Rechenfehler sowie ein verändertes Pulsverhalten nach dem Belastungsabbruch das Ergebnis verfälschen können (BUSKIES/BOECKH-BEHRENS 1995). Der Zeitraum für die Messung muss möglichst klein gewählt werden, weil die Herzfrequenz nach Beendigung bzw. Unterbrechung des Laufs bereits in der ersten Minute erheblich absinken kann (STRAUZENBERG/FELLER 1967). Auch WEINECK (1996) betont die Ungenauigkeit dieser Messmethode und hält nur eine apparative Messung für aussagekräftig.

Die im Folgenden genannten Untersuchungen unterstützen die Notwendigkeit präziserer Trainingsvorgaben für den Freizeitsportler. Eine Steuerung über das subjektive Belastungsempfinden führt in vielen Fällen zu einer Intensität, die im anaeroben Bereich liegt. Ebenso kann auch eine Steuerung über die Herzfrequenz, sofern keine Vorgaben durch diagnostische Tests erfolgt sind, zu höheren Belastungen führen, als der Läufer beabsichtigt. LIESEN et al. (1979); VÖLKER (1984a, 1984b, et al. 1985); JABLONSKI et al. (1987); KINDERMANN/ROST (1991); BUS-KIES et al. (1993) und SCHULZ et al. (1997) empfehlen für das Ausdauertraining des Fitness- und Gesundheitssportlers eine Belastung im aeroben Stoffwechselbereich unterhalb von 4 mmol/l. In ihren Untersuchungen an Freizeitläufern diagnostizierten etliche Autoren eine zu hohe Intensität. BUSKIES et al. (1993) ermittelten bei 16 Männern mittlere Laktatspiegel von 4-5 mol/l und SCHULZ et al. (1997) bei 24 Laufanfängern einen Durchschnitt von 4,64 + 1,76 mmol/l Laktat. VÖLKER (1984a) berichtet über eine Untersuchung an 26 Freizeitläufern und 26 Freizeitschwimmern, die ohne Anleitung überwiegend aus gesundheitlichen Gründen ihren Sport ausübten. Bei den 26 Läufern wurden 7,1 + 2,7 mmol/l Laktat, bei den 26 Schwimmern sogar 8,0 + 3,4 mmol/l Laktat ermittelt, was nach VÖLKER für ein Gesundheitstraining als wesentlich zu hoch angesehen werden muss.

In einer kürzlich erschienenen Veröffentlichung wird zum ersten Mal eine dieser Auffassung widerstreitende Position eingenommen. NEUMANN et al. (1998, 7) vertreten die These, „dass die scheinbare temporäre Überbelastung ein Ausdruck unzureichender Grundleistungsfähigkeit ist und durch die nachfolgende mehrtägige Pause wieder ausreichend kompensiert werden kann. Bei jedem Trainingsbeginn ist der biologische Aufwand bei der Belastung höher als die allgemeinen Empfehlungen zur Trainingssteuerung. (...) Eine kurzzeitige anaerobe Belastung ist immer noch besser als keine."

Abb. 22:
Zwei Freizeitläufer mit Leistungsambitionen

2.8   Ausdauer

Während über den rein physiologischen Hintergrund der Ausdauer weit gehend Konsens besteht, zeigen sich bei der Begriffsbestimmung Unterschiede. Was *Ausdauer* heißt, wurde von verschiedenen Autoren wie NETT (1956), MATWEJEW (1960), SCHMOLINSKY (1969), ZACIORSKIJ (1972), FREY (1977), LETZELTER (1978), HARRE (1982), HOLLMANN/HETTINGER (1990), MARTIN et al. (1991), NEUMANN et al. (1993) oder WEINECK (1996) im Laufe mehrerer Jahrzehnte verändert, erweitert oder differenziert. Hier sei nur – leicht modifiziert – eine Definition aus neuerer Zeit aufgenommen, die überzeugt, weil sie zugleich einfach und treffend ist:

„Ausdauer ist die Fähigkeit, eine bestimmte Leistung über einen möglichst langen Zeitraum aufrechtzuerhalten"[5] (MARTIN et al. 1991, 173).

Die Ausdauer lässt sich – wie bei den genannten Autoren im Einzelnen nachzulesen ist – trainingsmethodisch nach verschiedenen Gesichtspunkten unterteilen:

- Allgemeine und lokale Ausdauer.
- Aerobe und anaerobe Ausdauer.
- Dynamische und statische Ausdauer.
- Grundlagenausdauer und spezielle Ausdauer.
- Azyklische und zyklische Ausdauer.
- Allgemeine Ausdauer, Schnelligkeitsausdauer und Kraftausdauer.
- Kurzzeit-, Mittelzeit- und Langzeitausdauer (KZA, MZA, LZA).

Für die vorliegende Untersuchung sind hiervon zwei Ansätze von Bedeutung, auf die im Folgenden kurz einzugehen ist:

2.8.1   Aerobe und anaerobe Ausdauer

FREY (1973) sieht in der Art der Energiebereitstellung das geeignetste Kriterium, innerhalb der Ausdauer eine Unterscheidung vorzunehmen: Der Sportler vollbringt seine Ausdauerleistung entweder aerob oder anaerob, je nachdem, ob dem Organismus eine oder keine ausreichende Sauerstoffmenge zur Verfügung steht (HOTTENROTT 1993a). Bei aeroben Ausdauerleistungen kommt es nach wenigen Minuten zum *Steady State*, einem Gleichgewicht zwischen Energiebereitstellung und Energieverbrauch (NÖCKER 1980; NEUMANN et al. 1998).

---

[5] MARTIN formuliert: „ ... aufrechterhalten zu können", aber „können" ist ein Pleonasmus, weil das mit ihm Ausgesagte schon im Begriff „Fähigkeit" enthalten ist.

Bei der anaeroben Ausdauer, die nur relativ kurze Zeit bei submaximaler bis maximaler Leistung erbracht werden kann, steigt die Laktatkonzentration im Blut an, bis sie schließlich zum Abbruch der sportlichen Übung führt. Das Training der anaeroben Ausdauer darf, im Gegensatz zur aeroben Ausdauer, im Gesamttrainingsumfang nur dosiert und gut vorbereitet eingesetzt werden, da der Athlet sonst überfordert werden kann (HOTTENROTT 1993a; PETERS/STEMPER 1996; WEINECK 1996; NEUMANN et al. 1998).

2.8.2   Kurzzeit-, Mittelzeit- und Langzeitausdauer

FREY hielt 1973 die zeitliche Einteilung der Ausdauer noch für problematisch, weil er Bedenken äußerte, Termini wie *Kurzzeitausdauer* oder *Langzeitausdauer* besäßen in den verschiedenen Sportarten unterschiedliche Bedeutung (FREY 1973, 350). Diesem Vorbehalt hat sich die spätere Forschung nicht angeschlossen, sondern die allgemeine Ausdauer in *Kurzzeitausdauer* (45 Sekunden bis zwei Minuten), *Mittelzeitausdauer* (zwei bis acht Minuten) und *Langzeitausdauer* (über acht Minuten) unterteilt (WEINECK 1996). Die Einteilung ergab sich daraus, dass es in den meisten Sportarten nicht zu einer rein aeroben bzw. anaeroben Energiebereitstellung kommt, sondern zu einer Mischung, die von der Belastungsdauer und Intensität abhängt. Unter diesem Gesichtspunkt halten verschiedene Autoren eine weitere Differenzierung der Langzeitausdauer für sinnvoll: HARRE (1982) sieht auf Grund der unterschiedlichen Stoffwechselanforderungen drei Bereiche: *Langzeitausdauer* I: bis 30 Minuten, *Langzeitausdauer* II: 30 bis 90 Minuten, *Langzeitausdauer* III: über 90 Minuten. NEUMANN (1993a) unterscheidet beim dritten Bereich noch *Langzeitausdauer* III (90 bis 360 Minuten) und *Langzeitausdauer* IV (über 360 Minuten). Die folgende Tabelle berücksichtigt diese Feindifferenzierung.

Funktions-weise	Messgröße	KZA 35-120 s	MZA > 2 min	LZA I > 8 min	LZA II > 30 min	LZA III > 90 min	LZA IV > 360 min
Herz-Kreislauf	HF (Schl./min)	185-200	190-210	180-190	175-190	150-180	120-170
Sauerstoff-aufnahme	% VO_{2max}	90-100	95-100	90-95	80-95	60-90	50-60
Energie-wandlung	% aerob %anaerob	40 60	80 20	85 15	90 10	95 5	99 (1)

Tab. 22: *Beanspruchung von Funktionssystemen bei intensiven Ausdauerbelastungen (nach: NEUMANN 1993a, 53)*

2.9   Trainingsmethoden

Das Herzfrequenzverhalten des Sportlers hängt auch von der Trainingsmethodik ab, die von den meisten Autoren übereinstimmend in vier Hauptblöcke unterteilt wird:

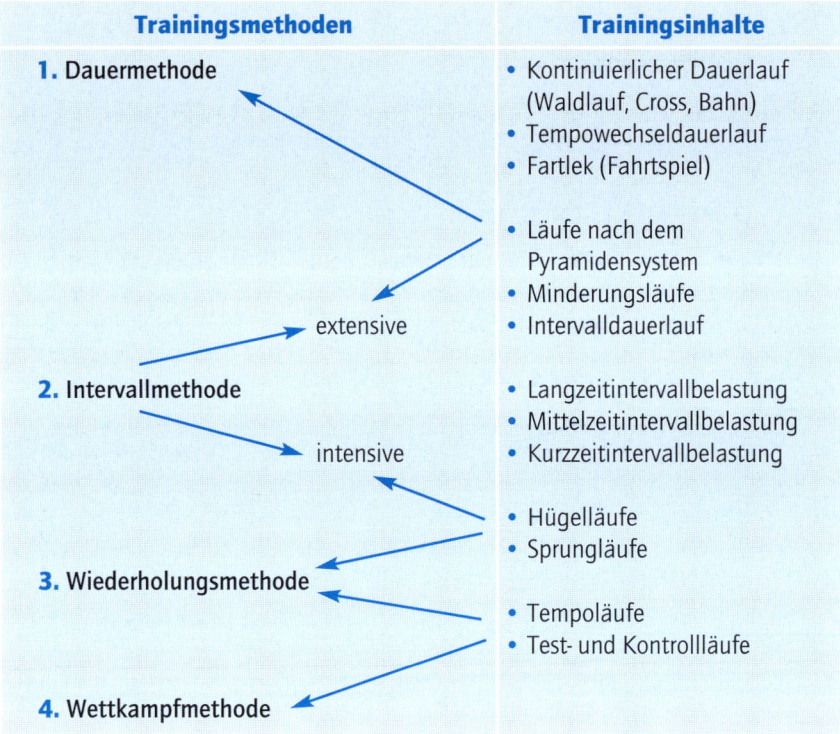

Tab. 23: *Einteilung der Ausdauertrainingsmethoden, dargestellt am Beispiel des leichtathletischen Laufs (WEINECK 1996, 166)*

In Auswahl und Umfang der Trainingsinhalte werden bei der Aufstellung von Trainingsplänen, je nach dem individuellen Athletenprofil, unterschiedliche Akzente gesetzt (SCHMOLINSKY 1969; STEFFNY 1978; HARRE 1982; WESSINGHAGE 1987; BUSKIES et al. 1992; HOTTENROTT 1993a; EDWARDS 1996a; NEUMANN et al. 1998). In den 80er und 90er Jahren gelangte man zu der Erkenntnis, dass bestimmte, durch Intensität gekennzeichnete Trainingsinhalte zu oft eingesetzt wurden, und forderte, zur Festigung der Grundlagenausdauer, im Gesamttrainingsvolumen den kontinuierlichen Dauerlauf in angemessener Geschwindigkeit prozentual stärker zu berücksichtigen (HOTTENROTT et al. 1990; NEUMANN et al. 1998). Dies galt sowohl für den Leistungs- als auch für Breitensportler (VÖL-KER 1984 u. 1985; LAGERSTRØM et al. 1986; BUSKIES et al. 1992).

Für die vorliegende Untersuchung ist vornehmlich das Herzfrequenzverhalten des Sportlers bei den vier Trainingsmethoden relevant. Deshalb wird im Folgenden zu jeder Methode exemplarisch eine Herzfrequenzverlaufskurve abgebildet.

2.9.1 Dauermethode

„Bei der Dauermethode steht die Verbesserung der aeroben Kapazität im Vordergrund" (WEINECK 1996, 167).

2.9.1.1 Extensive Dauermethode

Die extensive Methode bewirkt bei überwiegend hohen Trainingsumfängen, aber niedrigen Intensitäten Anpassungen im Fettstoffwechsel (Laktat unter 2 mmol/l). Sie wird bevorzugt im Grundlagenausdauertraining eingesetzt (NEUMANN et al. 1998) und besitzt besondere Bedeutung für Wettkämpfe des LZA III und IV (Marathon, 100-Kilometer- oder 24-Stunden-Lauf).

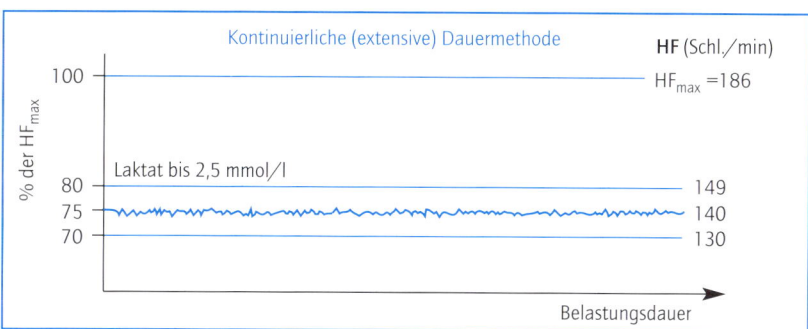

Abb. 23: *Extensive Dauermethode (nach: HOTTENROTT 1995, 26 in: PETERS/STEMPER 1996, 66)*

2.9.1.2 Intensive Dauermethode

Die intensive Dauermethode wird im Bereich der anaeroben Schwelle angewandt und verbessert den Kohlenhydratstoffwechsel des Körpers (WEINECK 1996, 171). Bei Einhaltung der durch diese Methode gebotenen Normen trainieren Ausdauerspezialisten in diesem Bereich maximal 45-60 Minuten, weniger Trainierte zwischen 15 und 30 Minuten. Da die Form eines solchen Trainings die Glykogenspeicher rasch entleert, findet es – wiederum bei Beachtung der besagten Normen – pro Woche nicht häufiger als 2-3-mal statt, damit die Wiederauffüllung der Glykogenspeicher gewährleistet ist.

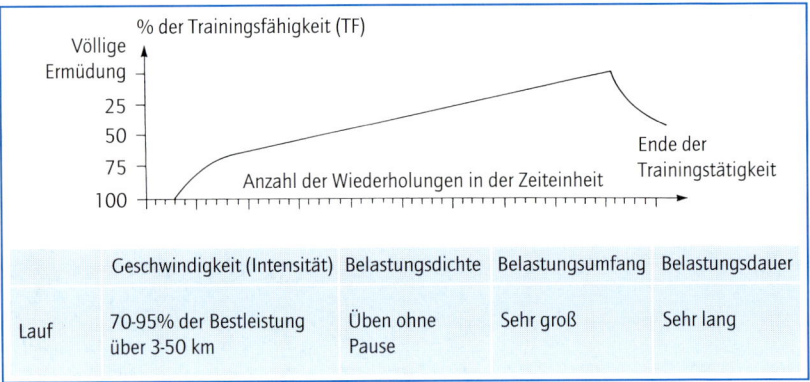

Abb. 24: *Intensive Dauermethode (modifiziert nach: WEINECK 1996, 167)*

2.9.2 Intervallmethode

„Beim Intervalltraining wird (…) in zweifacher Hinsicht stark auf die Veränderung der Herzgröße eingewirkt: In der Belastungsphase erfolgt über die überwiegende Herzdruckarbeit eine Hypertrophie der Herzmuskulatur, in der Erholungsphase über die Herzvolumenarbeit vor allem eine Dilatation der Herzhöhlen" (WEINECK 1996, 175).

Charakteristisch für das Intervalltraining ist das Prinzip der *lohnenden Pause*: Nach Belastungsende sinkt die Herzfrequenz exponenziell, d.h., zu Beginn erfolgt ein schnelleres Absinken als später. Dieser erste Teil wird als *lohnende Pause* bezeichnet, da für eine vollständige Erholung unverhältnismäßig lange gewartet werden müsste. Der nächste Reiz wird bereits gesetzt, wenn die Herzfrequenz auf etwa 120-140 Schl./min abgesunken ist. Die Länge der *lohnenden Pause* (20 s bis 5 min) hängt vom Trainingszustand und der Streckenlänge ab (SCHMOLINSKY 1969, 175). Die Pause wird üblicherweise mit Traben und nicht mit Stehen oder Gehen ausgefüllt. In der folgenden Abbildung ist die *lohnende Pause* am Pulsverhalten nach Belastungsende dargestellt.

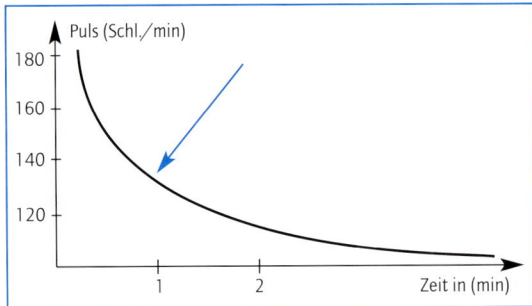

Abb. 25: *Das Prinzip der „lohnenden Pause" (nach: WEINECK 1996, 175)*

2.9.2.1 Extensives Intervalltraining

Bei dieser Trainingsform werden viele Läufe mit geringer Intensität durchgeführt.

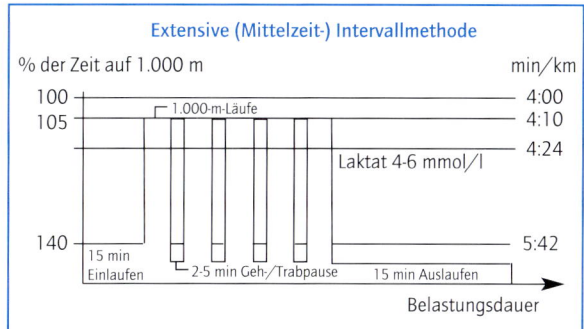

Abb. 26:
Extensives Intervalltraining (nach: HOTTENROTT 1995, 26 in: PETERS/STEMPER 1996, 70)

2.9.2.2 Intensives Intervalltraining

Diese Trainingsform ist gekennzeichnet durch einen relativ geringen Umfang, aber hohe Intensität.

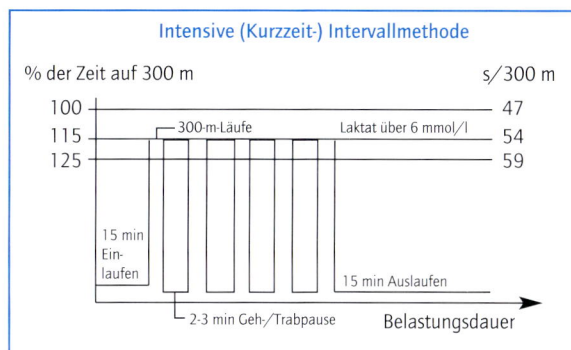

Abb. 27:
Intensives Intervalltraining (nach: HOTTENROTT 1995, 27 in: PETERS/ STEMPER 1996, 71)

2.9.3 Wiederholungsmethode

Bei der Wiederholungsmethode wird nach dem Prinzip der vollständigen Pause verfahren, um eine Akkumulation der Ermüdung zu verhindern (WEINECK 1996, 178; STEINHÖFER 1993, 46).

Bei dieser Trainingsform wird eine bestimmte Streckenlänge nach einer jeweils vollständigen Erholung des Herz-Kreislauf-Systems mit maximaler Geschwindigkeit bei allerdings noch erhöhtem Laktatwert gelaufen (WEINECK 1996, 176).

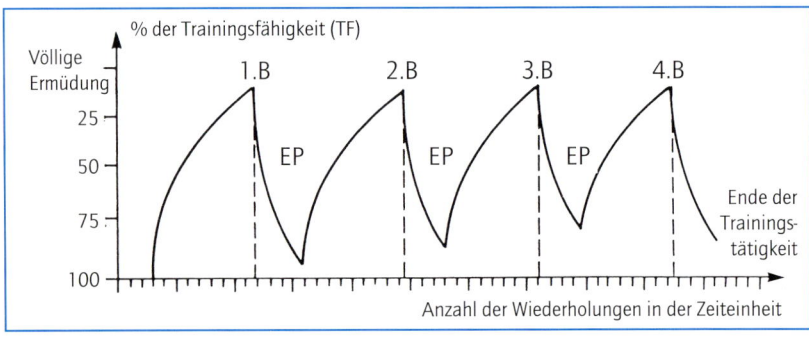

Abb. 28: *Wiederholungsmethode (modifiziert nach: WEINECK 1996, 177)*

2.9.4   Wettkampfmethode

Die Wettkampfmethode ist die komplexeste Trainingsmethode, da sie alle für die jeweilige Sportart speziellen Fähigkeiten schult (WEINECK 1996, 180).

Bei dieser Methode werden als Trainingsinhalte gezielt *Trainingswettkämpfe* eingeplant. Da der Athlet im Allgemeinen in einer Wettkampfsituation Funktionszustände erreicht, die im Training nicht möglich sind, wird diese Methode bei sachgerechter Anwendung nur gezielt und in Vorbereitung auf einen Saisonhöhepunkt eingesetzt; beispielsweise werden in der Vorbereitung auf einen Marathon ein oder mehrere 10-km-Läufe absolviert.

Abb. 29: *Zwei Freizeitläufer bei der Durchführung der Wettkampfmethode (Vereinsmeisterschaften über 10.000 m des Moerser Turnvereins)*

2.10 Diagnostische Verfahren zur Trainingssteuerung im Ausdauersport

Als gängige diagnostische Testverfahren zur Trainingssteuerung im Ausdauersport stehen im Wesentlichen die Verfahren des Laktat-, CONCONI-, VO_{2max}- und HF_{max}-Tests zur Verfügung. Während bei der Leistungsdiagnostik im Leistungssport alle vier Verfahren eingesetzt werden, bevorzugen Breitensportler das HF_{max}-Verfahren zur Trainingssteuerung im Ausdauersport. Der Grund hierfür liegt in der einfachen Durchführung, die auch eine alltägliche Anwendung erlaubt, wie folgende Tabelle zeigt:

Testverfahren	Vollständige Ausbelastung	Blutige Methode	Durchführung
Laktat-Stufentest	Bedingt	Ja	Aufwändig
CONCONI-Test	Ja	Nein	Aufwändig
VO_{2max}-Test	Ja	Nein	Sehr aufwändig
Ermitllung der HF_{max}	Ja	Nein	Nicht aufwändig

Tab. 24: *Vier Testverfahren zur Trainingssteuerung im Vergleich*

2.10.1 Der Laktat-Stufentest (erstes Schwellenkonzept)

Verglichen mit dem Ausland enthält die deutschsprachige Literatur eine kaum noch zu überschauende Anzahl von Veröffentlichungen über den Einsatz der Laktatdiagnostik zur Trainingssteuerung (KEUL 1979 et al.; LEHNERTZ/MARTIN 1988; DICKHUTH et al. 1989; LUCK/HAMMANN 1991; SCHMIDT et al. 1991; HOTTENROTT 1993a; MADER 1994; SCHMIDT et al. 1995; DICKHUTH et al. 1996; JANSSEN 1996; NEUMANN/GOHLITZ 1996; WEINECK 1996; COEN 1997; NEUMANN et al. 1998). Die Autoren setzen sich teilweise sehr kritisch mit der Laktatbestimmung auseinander. Den neuesten Stand der Forschung referiert COEN (1997) umfassend in seiner Untersuchung: „Individuelle anaerobe Schwelle".

Ziel eines Laktattests für den Ausdauersportler ist die Ermittlung der *anaeroben Schwelle,* d.h. der Grenze, bei deren Überschreitung der Organismus nicht mehr in der Lage ist, das anfallende Laktat abzubauen (COEN 1997; KEUL et al. 1979). Während MADER et al. (1976) als anaerobe Schwelle einen Wert von 4 mmol/l definierten, stützen andere Untersuchungen die Auffassung, dass der Übergang in den anaeroben Bereich von diesem festen Wert abweichen kann, und fordern die Errechnung einer individuellen anaeroben Schwelle (umfangreiche Literaturangaben hierzu bei COEN 1997).

Auf der Grundlage der Ergebnisse eines Laktattests werden die Geschwindigkeiten für die jeweiligen Trainingsbereiche von der Geschwindigkeit an der anaeroben Schwelle abgeleitet. In gewissem Umfang können auch über die parallel aufgezeichnete Herzfrequenz Trainingsintensitäten bestimmt werden, wobei HOTTEN-ROTT (1993a) hier eine große Fehlerquelle sieht. HECK/ROSSKOPF (1993) halten es für problematisch, sich für die Laufintensität an der anaeroben Schwelle zu orientieren, da die so ermittelten Geschwindigkeitsvorgaben zu einer Überforderung des Sportlers führen können. Nicht aufgefüllte Glykogendepots können eine höhere Geschwindigkeit an der anaeroben Schwelle vortäuschen, wie zahlreiche Untersuchungen belegen (DICKHUTH et al. 1984; HOFMANN et al. 1998; MAAS-SEN et al. 1987; BUSSE et al. 1987).

Erfolgte bis zu Beginn der 90er Jahre die Bestimmung des Laktats in teuren Apparaturen mit zeitaufwändigen Messmethoden, bieten nun portable, auch für den Freizeitsportler finanzierbare Messgeräte die Möglichkeit, schon während des Trainings dessen Intensität durch eine sofortige Laktatanalyse zu überprüfen.

DICKHUTH et al. (1996) geben zu bedenken, dass eine Kontrolle der Belastung mittels Laktatmessung nur im Bereich zwischen aerober und anaerober Schwelle zweckmäßig sei, weil bei niedrigen Intensitäten die Laktatmessung keine ausreichende Differenzierung zulasse und daher die Herzfrequenz vorzuziehen sei.

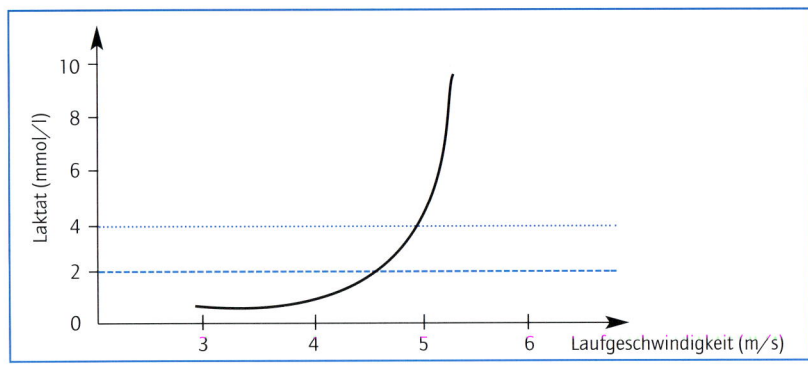

Abb. 30: *Laktatbelastungskurve (nach: JANSSEN 1996, 58)*

2.10.2 Der CONCONI-Test (zweites Schwellenkonzept)

Der CONCONI-Test stützt sich auf das lineare Verhältnis zwischen Belastungsintensität und Herzfrequenz. Von einer bestimmten Laufgeschwindigkeit an kann zwar die Intensität noch gesteigert werden, aber der Anstieg der Herzfrequenzkurve verläuft nun flacher. Dieser Einschnitt wird als **Herzfrequenzumschlagpunkt** oder **Deflektionspunkt** bezeichnet. Bei ihm beginnt die anaerobe Energiebereitstellung

(JANSSEN 1996; HOTTENROTT 1993a; NEUMANN et al. 1993 usw.). Allerdings geben Kritiker wie HECK, WEINECK u.a. zu bedenken, dass die Bestimmung des Umschlagpunkts sehr ungenau bzw. bei vielen Testauswertungen nicht feststellbar ist. Im Vergleich mit der durch Laktattests ermittelten anaeroben Schwelle zeigten sich nennenswerte Abweichungen (BUSSE et al. 1987, 33; LEHNERTZ/MARTIN 1988, 6; HECK et al. 1989, 398). RIBEIRO et al. (1985) stellten fest, dass die Tests bei gut trainierten Läufern zuverlässiger waren als bei schlecht trainierten oder untrainierten Läufern.

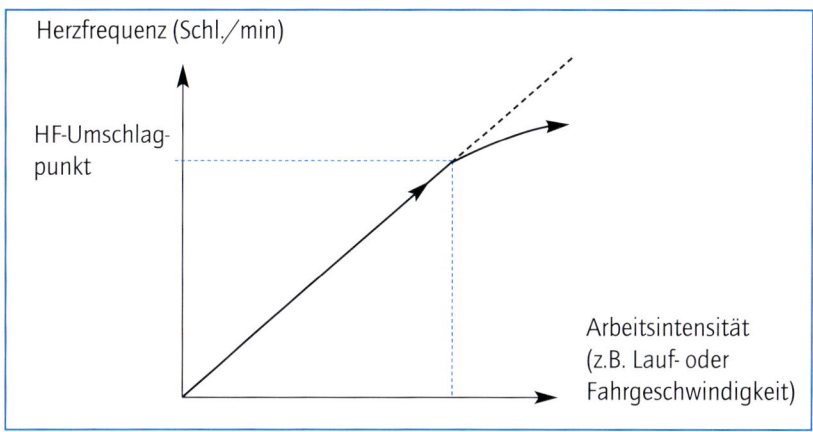

Abb. 31: *Lage des Herzfrequenzumschlagpunkts (nach: JANSSEN 1996, 20)*

2.10.3 Der VO$_{2max}$-Test

Wegen ihres hohen apparativen Aufwands wird diese Testmethode hauptsächlich bei Hochleistungssportlern eingesetzt. Die Leistungsfähigkeit der sauerstoffaufnehmenden, sauerstofftransportierenden und sauerstoffverwertenden Teilsysteme im Organismus wird durch die maximale Sauerstoffaufnahme (VO$_{2max}$) messbar. Der Test zeigt das Ergebnis der Sauerstoffdiffusion in der Lunge, des Sauerstofftransports im Blut und der Sauerstoffaufnahme in der belasteten Muskulatur (NEUMANN et al. 1998; NÖCKER 1980).

Die VO$_{2max}$ wird bei einem vollständigen Ausbelastungstest im Labor ermittelt. Sie wird üblicherweise in Milliliter pro Kilogramm pro Minute (ml/kg/min) angegeben. SLEAMAKER (1991) weist darauf hin, dass, abhängig vom Analysegerät und anderen Variablen, unterschiedliche Ergebnisse zustande kommen können. Da Leistungen im Bereich der VO$_{2max}$ nur einige Minuten erbracht werden können, müssen längere Dauerleistungen unterhalb der maximalen Sauerstoffaufnahme liegen (JANSSEN 1996) und sind von einer gewissen Wettkampflänge an nur bis zur Höhe der anaeroben Schwelle möglich (WEINECK 1996). Ausschlaggebend ist hierbei der Ausnutzungsgrad der Sauerstoffaufnahme. Ausdauertraining kann die VO_{2max} nur um ca. 15-20%, hingegen den prozentualen Ausnutzungsgrad der VO_{2max} in aerober Stoffwechsellage um 45% (GAISL 1979) bzw.100% (JANSSEN 1996) verbessern. Die absolute Leistungsfähigkeit eines Sportlers ist demnach durch einen reinen VO_{2max}-Test nur bedingt prognostizierbar; es bedarf dafür weiterer Informationen.

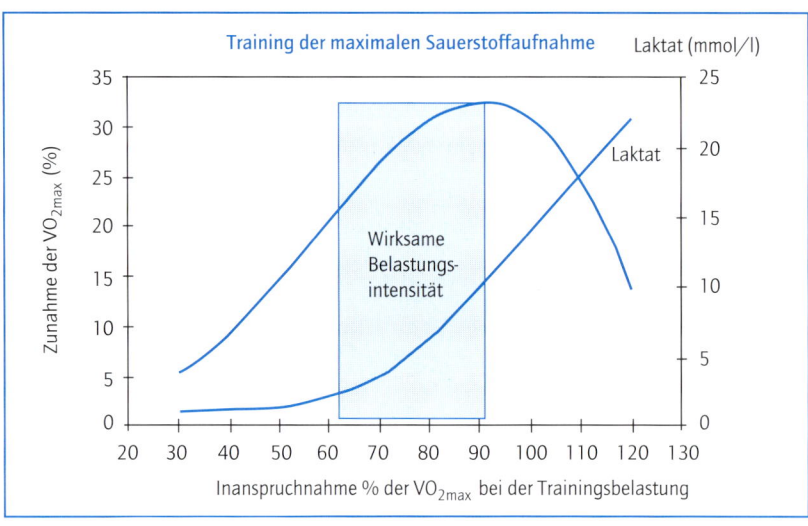

Abb. 32: *Notwendige Trainingsintensität zur Entwicklung der maximalen Sauerstoffaufnahme (nach: NEUMANN et al. 1998, 74)*

2.10.4 Der HF_{max}-Test

Die Autoren, die sich mit der Ermittlung der HF_{max} befassen, stimmen darin überein, dass die HF_{max} durch einen Test nur in völlig ausgeruhtem Zustand bestimmt werden kann, d.h., der Sportler muss sich von der letzten Trainingseinheit vollkommen erholt haben. Ein solcher Test kann nur aus einer vollständigen Ausbelastung in einem Feld- oder Labortest bestehen (ISRAEL 1982; NEUMANN et al. 1993; EDWARDS 1996b; GRÜNING 1997; ANDREAS 1998b; BURKE 1998). Des Weiteren weisen die Autoren darauf hin, dass der Gesundheitszustand gut sein muss und „aus ärztlicher Sicht keine Bedenken gegen eine Ausbelastung bestehen" (HOTTENROTT 1995b, 32).

NEUMANN et al. (1993, 54) geben zu bedenken, „daß unter dem Einfluß extremen Ausdauertrainings eine volle Aktivierung der HF_{max} nicht möglich ist". Die Autoren berichten über eine kurzfristige Abnahme der HF_{max} bis zu 25 Schl./min und benennen als Grund „eine Blockierung der sportartspezifischen Motorik durch ein stereotypes Ausdauertraining" (NEUMANN et al. 1993, 149). HOTTENROTT (1995a; 1995b) beobachtet ebenfalls eine Einschränkung der HF_{max} aufgrund eines hohen, ausschließlich aeroben Ausdauertrainings über mehrere Wochen und fügt ergänzend hinzu, dass starke Trainingsbelastungen am Vortag eine volle Aktivierung des Herz-Kreislauf-Systems unmöglich machen.

Unter der Vielzahl der verschiedenen Testverfahren halten NEUMANN et al. (1993, 149) Bergläufe nur bei sehr gut trainierten Läufern für geeignet, weil es bei weniger gut trainierten Sportlern aufgrund frühzeitiger muskulärer Ermüdung nicht zur vollständigen Ausbelastung des Herz-Kreislauf-Systems kommen kann.

Was die Dauer der Aufwärmphase betrifft, wird das Prinzip *je länger, je besser* favorisiert; mindestens aber werden 10-15 Minuten dafür veranschlagt (EDWARDS 1996b; GRÜNING 1997; 1998; BURKE 1998); HOTTENROTT (1995a; 1995b) gibt 20 Minuten an.

Nach EDWARDS (1996a, 6) müssen die Tests mehrmals durchgeführt werden, um genau zu sein. HOTTENROTT empfiehlt, die HF_{max} in regelmäßigen Abständen von 2-4 Wochen (1995b) bzw. 3-6 Wochen (1995a) zu kontrollieren. EDWARDS (1996a) hält es außerdem für möglich, von submaximalen Tests, die besonders für Anfänger oder Personen geeignet sind, bei denen sich aus ärztlicher Sicht eine Ausbelastung verbietet, auf die HF_{max} zu schließen. EDWARDS beschreibt einen submaximalen Walking-Test über eine Meile sowie einen submaximalen Stepp-Test. Hierzu sei erwähnt, dass PETZL et al. (1985) als Vorteile submaximaler Tests die Entbehrlichkeit der subjektiven Motivation und einen geringeren Zeitaufwand ins Feld führen. Allerdings fanden sie heraus, dass eine Veränderung der HF_{submax} eher durch die Regulationslage des vegetativen Nervensystems als durch die maximale Leistungsfähigkeit beeinflusst wird. Deshalb sollte die submaximale Herzfrequenz gerade im Leistungssport nicht als Grundlage zur Belastungssteuerung dienen. Im Rahmen der vorliegenden Untersuchung wird auf diese Verfahren nicht näher eingegangen.

Gerade in jüngster Zeit ist eine Reihe von Autoren auf verschiedene Tests zur Bestimmung der HF_{max} im Laufen eingegangen:

Test zur Ermittlung der HF_{max}	Autor
1.) 800-m-Test	EDWARDS (1996b)
2.) 1.000-m-Test	NEUMANN et al. (1993)
3.) Eine-Meile-Test	EDWARDS (1996b)
4.) 3.000-m-Test	GRÜNING (1998)
5.) Zwei-Meilen-Test	BENSON (in: BURKE 1998)
6.) Meilenwiederholungsläufe	WINLOCK (in: EDWARDS 1996b)
7.) 5.000-m-Test	NEUMANN et al. (1993); GRÜNING (1998)
8.) 10-km-Wettkampf	GRÜNING (1997)
9.) Crescendo-Lauf	ANDREAS (1998b)
10.) Stufentest	EDWARDS (1996b)
11.) 3x3-Minuten-Test	GRÜNING (1997)
12.) 12-Minuten-Test	EDWARDS (1996b)
13.) Berganlauf	STEFFNY (1998)
14.) Hügel-Wiederholungsläufe	EDWARDS (1996b)
15.) 200-m-Intervalle	STEFFNY (1998)

Tab. 25: *Tests zur Ermittlung der HF_{max}*

2.10.4.1   Der 800-m-Test

Nach der ersten 400-m-Runde mit 95%iger Belastung läuft der Sportler mit 100%igem Einsatz die zweite 400-m-Runde. Die HF_{max} wird in der letzten Runde registriert (EDWARDS 1996b, 61).

2.10.4.2   Der 1.000-m-Lauf

NEUMANN et al. (1993, 149) und ANDREAS (1998b) halten eine progressive Belastung von mindestens fünf Minuten für geeignet und empfehlen einen 1.000-m-Lauf. Da sie eine Mindestdauer von fünf Minuten angeben, kann sich somit der 1.000-m-Lauf nur für relativ untrainierte Personen eignen.

2.10.4.3   Der Eine-Meile-Test

Der Sportler legt vier Runden auf einer 400-m-Rundbahn in größtmöglichem Tempo zurück. Die HF_{max} wird in den letzten beiden Minuten registriert (EDWARDS 1996b, 60).

2.10.4.4 Der 3.000-m-Wettkampf

GRÜNING (1998) hält die Phase des Endspurts bei einem 3.000-m-Wettkampf für ideal zur Ermittlung der HF_{max}.

2.10.4.5 Der zwei-Meilen-Test

Dieser Test ist speziell für fortgeschrittene Läufer entwickelt worden, die über Wettkampferfahrung in Langstreckenwettbewerben verfügen. Er setzt voraus, dass der Proband in der Lage ist, eine momentan realistische Minimalzeit über zwei Meilen (acht 400-m-Runden) anzugeben. Im Test zur Ermittlung der HF_{max} wird allerdings nicht über die gesamte Streckenlänge die höchstmögliche Geschwindigkeit gelaufen, sondern sie wird gesteigert. Dies wird im Folgenden an einem Beispiel für einen Läufer mit einer möglichen Zeit von 16 min/2 Meilen (bzw. 8 min/Meile) illustriert, was einer Durchgeschwindigkeit von 2 min/Runde entspricht.

1. Runde: **3:00 min** (Durchschnittgeschwindigkeit plus 60 s: 2:00 + 60)

2. Runde: **2:45 min** (Durchschnittsgeschwindigkeit plus 45 s: 2:00 + 45)

3. Runde: **2:30 min** (Durchschnittsgeschwindigkeit plus 30 s: 2:00 + 30)

4. Runde: **2:15 min** (Durchschnittsgeschwindigkeit plus 15 s: 2:00 + 15)

5. und **6.** Runde: jeweils **2:00 min** (Durchschnittsgeschwindigkeit)

7. und **8.** Runde: **so schnell wie möglich!**

Die Herzfrequenz sollte während der letzten beiden Runden nach jeweils 100 m protokolliert werden (BENSON in: BURKE 1998).

2.10.4.6 Wiederholungsläufe über eine Meile

Hierbei werden die ersten beiden Meilen submaximal, die letzte Meile mit 100%igem Einsatz gelaufen (WINLOCK in: EDWARDS 1996b, 94). WINLOCK gibt zur Intensität der ersten beiden submaximalen Läufe 80% bzw. 90% der HF_{max} an, was für die praktische Umsetzung ein Problem bedeutet, weil das Ziel des Tests die Bestimmung selbiger ist.

2.10.4.7 Der 5.000-m-Wettkampf

Der 5.000-m-Wettkampf-Test wird von NEUMANN et al. (1993) nur für sehr gut trainierte Läufern empfohlen. Die HF_{max} wird auf den letzten 400 m im Endspurt ermittelt (HOTTENROTT 1993a; GRÜNING 1998).

2.10.4.8   Der 10-km-Wettkampf

Bei einem 10-km-Wettkampf wird auf der Zielgeraden im Endspurt die Herzfrequenz gemessen werden. Der so ermittelte Wert ist nach GRÜNING (1997) die HF_{max}.

2.10.4.9   Der Crescendo-Lauf

Am Ende eines Steigerungslaufs über mehrere Kilometer Länge, abhängig vom Trainingszustand des Sportlers, ermittelt ANDREAS (1998b) die HF_{max}.

2.10.4.10 Der Stufentest

Vor Beginn berechnet der Läufer an Hand seiner Meilenbestzeit die 400-m-Rundenzeit aus und addiert eine Minute für die erste Runde (Stufe). Er steigert sein Tempo in der zweiten und dritten Runde, bis er in der vierten Runde die Geschwindigkeit seiner Bestzeit erreicht. Die letzten 200 m sprintet er mit vollem Einsatz (EDWARDS 1996b, 61). Die HF_{max} wird in der letzten Runde registriert.

2.10.4.11 Der 3x3-Minuten-Test

Der Sportler läuft 3x3 Minuten, so schnell er kann, mit Trabpausen von jeweils einer Minute. Die Herzfrequenz nach Ende der dritten Belastung entspricht der HF_{max} (GRÜNING 1997).

2.10.4.12 Der 12-Minuten-Test

Er besteht aus einem modifizierten COOPER-Test. Die ersten zehn Minuten werden locker gelaufen; die letzten beiden Minuten mit der höchstmöglichen Geschwindigkeit. Die HF_{max} wird während der letzten beiden Minuten registriert (EDWARDS 1996b, 60).

2.10.4.13 Der Berganlauf

STEFFNY (1998, 26) empfiehlt, eine lange Steigung mit vollem Einsatz hinaufzulaufen.

2.10.4.14 Der Hügel-Wiederholungs-Test

Der Sportler läuft einen steilen Hügel viermal hintereinander mit vollem Einsatz hinauf. Jeder Lauf sollte 90 Sekunden dauern. Anschließend wird eine Trabpause durchgeführt, bis die Herzfrequenz, die vor der Belastung gemessen wurde, wieder erreicht ist (EDWARDS 1996b, 60).

2.10.4.15 Der 200-m-Intervall-Test

STEFFNY (1998) empfiehlt, mit möglichst kurzen Pausen 200-m-Intervalle zu absolvieren, die von Lauf zu Lauf eine Sekunde schneller gestaltet werden. Über eine Mindestanzahl von Intervallen macht er keine näheren Angaben.

2.11   Die Herzfrequenz als Parameter zur Trainingssteuerung

Die Ermittlung der Trainingsintensität erfolgt über %-Bereiche der HF_{max}. Hierbei werden unterschiedliche Bezeichnungen benutzt.

% HF_{max}	EDWARDS (1996b)	POLAR	HOTTENROTT (1995a)	GRÜNING (1998)
50-60	Gesundheitszone	Gemäßigte Belastung	–	–
60-70	Fettverbren-nungszone	Aerobes Training	Regeneration u. Kompensation	–
70-80	Aerobe Zone	Gleichmäßige Belastung	Grundlagenaus-dauer 1 (sogar bis 85% möglich)	Langsamer Dauerlauf (70-75%)
80-90	Anaerobe Schwellenzone	Anaerobes Training	Grundlagenaus-dauer 2 (sogar bis 95% möglich)	Lockerer Dauerlauf (75-85%)
90-100	Warnzone	Maximaltraining	Wettkampfspezi-fisches Aus-dauertraining	Tempodauerlauf (90-95%) Tempolauf (95-100%)

Tab. 26: *Die Trainingszonen in %, abgeleitet von der HF_{max}*

3   Empirischer Teil

3.1   Problemstellung

Wie in der Literaturanalyse dargestellt, steht dem Freizeitlangstreckenläufer mit Leistungsambitionen mit der Herzfrequenzmessung ein Hilfsmittel zur Verfügung, das seine Trainingssteuerung optimieren und zu einer erhöhten Leistungsfähigkeit führen kann.

In der Praxis wird die prozentuale Errechnung der Trainingsherzfrequenzen auf der Basis der Formel 220 – Lebensalter = HF_{max} vorgenommen. In jüngerer Zeit werden weitere modifizierte Formeln wie 220 – 1/2 Lebensalter = HF_{max} sowie 226 – Lebensalter = HF_{max} für Frauen in der Literatur erwähnt.

Außerdem empfehlen einige Trainingspraktiker, die HF_{max} nicht zu errechnen, sondern in einem Ausbelastungslauftest zu ermitteln, weil die individuellen Schwankungen so groß seien, dass die HF_{max} nicht durch die bisher bestehenden Formeln allgemein gültig bestimmbar sei.

Die o.g. Formeln sind mit der Unangemessenheit behaftet, dass sie entweder auf Fahrradergometeruntersuchungen beruhen und/oder eine größere Probandengruppen vermissen lassen, bzw. dass die Empfehlungen zur praktischen Ermittlung der HF_{max} sich auf Einzelerfahrungen stützen. Deshalb sollen hier an Hand einer größeren Probandengruppe folgende Fragestellungen untersucht werden:

1.)   Besitzt eine der folgenden Formeln Gültigkeit für trainierte weibliche und männliche Langstreckenläufer?

    a) 220 – Lebensalter = HF_{max} (ROST/HOLLMANN 1982)
    b) 220 – 1/2 Lebensalter = HF_{max} (LAGERSTRØM/GRAF 1986)
    c) 226 – Lebensalter = HF_{max} (PETERS/STEMPER 1996; Hills et al. 1998)
    d) 210 – 0,8 Lebensalter = HF_{max} (NEUMANN 1998 et al.)
    e) 200 – 1/2 Lebensalter = HF_{max} (NEUMANN 1998 et al.)

2.)   Welcher der vier praktischen Tests zur Ermittlung der HF_{max} ermittelt in welcher Altersgruppe bei langlaufenden Frauen bzw. Männern die höchsten Werte?

3.2 Methodik

3.2.1 Auswahl des Probandenguts

Für die vorliegende Untersuchung konnte über persönliche Kontakte des Autors eine Läufergruppe gewonnen werden, die durch schriftliche Trainingsanweisungen des GREIF-Laufklubs betreut wird. Peter GREIF erstellt im vierwöchigen Rhythmus leistungsbezogene Trainingspläne für die 1.400 Mitglieder seines GREIF-Laufklubs, in dem Läufer aller Altersklassen beider Geschlechter vertreten sind.

Die Mitglieder, die zum größten Teil in Deutschland, aber auch in den Nachbarländern Österreich, Schweiz, Luxemburg und in den Niederlanden leben, erhalten gegen eine Gebühr kontinuierliche Trainingspläne jeweils über einen Zeitraum von vier Wochen. Zu dieser Gruppe gehören Männer und Frauen jeglichen Alters und unterschiedlichen Leistungsstands. Die Trainingsintensitäten werden angegeben sowohl in einem Geschwindigkeitsintervall (z.B. von 4:35 min/km bis 4:15 min/km für einen 10-km-Lauf) als auch in einem Herzfrequenzintervall (z.B. 158-165 Schl./min), das prozentual von der HF_{max} ermittelt wird (s. Kap. 2.11).

Da die wenigsten GREIF-Laufklub-Mitglieder ihre individuelle HF_{max} kennen und sie deshalb nicht dem Ersteller der Trainingspläne melden können, werden die prozentualen Herzfrequenzangaben von der Formel 220 minus Lebensalter abgeleitet. Viele Mitglieder wiesen darauf hin, dass die Herzfrequenzangaben, die nach obiger Formel ausgerechnet werden, zu ungenau seien.

Da auch der Ersteller der Trainingspläne an der Exaktheit der Herzfrequenzintervalle zweifelte, konnte Peter GREIF vom Autor dieser Arbeit von der Wichtigkeit der vorliegenden Studie sowohl für die GREIF-Laufklub-Mitglieder als auch für Wissenschaft überzeugt werden.

Die Mitglieder melden Veränderungen ihrer Bestzeiten und Trainingsumfänge schriftlich, in Ausnahmefällen auch mündlich. Peter GREIF berücksichtigt dies unverzüglich in den folgenden Trainingsplänen. Aus diesen Gründen konnte ein hoher Rücklauf der ausgegebenen Fragebögen erwartet werden. Die Läufergruppe muss als relativ ehrgeizig eingestuft werden, da sie bereit ist, kontinuierlich nach schriftlichen Trainingsangaben zu trainieren und dafür überdies regelmäßig einen Geldbetrag aufzuwenden.

Persönliche Rekorde werden im GREIF-Laufklub-Magazin veröffentlicht. Hierdurch wird ein weiterer Motivationsanreiz gegeben. Die Ergebnisse dieser Untersuchung stellen für die GREIF-Laufklub-Mitglieder eine Optimierungsmöglichkeit ihrer Trainingspläne dar, d.h., die Probanden führten ihre Tests in dem Bewusstsein durch, nicht nur zu einer wissenschaftlichen Studie beizutragen, sondern auch einen Nutzen für ihr eigenes Trainingskonzept zu haben und, damit verbunden, zu einer Leistungssteigerung bzw. Verbesserung ihrer persönlichen Rekorde auf den angestrebten Distanzen zu gelangen.

Man kann davon ausgehen, dass bei der o.g. Gruppe die Bereitwilligkeit, sich bei einem Test zur Ermittlung der HF_{max} vollständig zu verausgaben, sehr hoch ist. Allerdings muss berücksichtigt werden, dass die Mitglieder teilweise allein trainieren und sich somit die Frage stellt, ob bei der Durchführung der Tests ohne Mitläufer oder Zuschauer wirklich eine vollständige Ausbelastung erreicht wird. Deshalb wurde den Probanden empfohlen, die Tests mit Laufpartnern oder unter Anfeuerung von Zuschauern durchzuführen, um die motivationsbedingte Leistungsbereitschaft zu erhöhen.

Alle Läufer der Probandengruppe mussten zum Nachweis darüber, dass sie fortgeschrittene, leistungsbezogene und ambitionierte Läufer sind, folgende Voraussetzungen erfüllen:

- Mindestens 10 km laufen können.
- Mindestens drei Trainingseinheiten pro Woche absolvieren.
- Mindestens seit zwei Jahren regelmäßig laufen.

3.2.2   Versuchsbedingungen und Ablauf

In die Trainingspläne von 1.400 Läufern des Peter GREIF-Laufklubs wurden in den Vier-Wochen-Trainingszyklus von Montag, den 18. Mai 1998, bis Sonntag, den 14. Juni 1998, vier verschiedene Tests zur Ermittlung der HF_{max} integriert. Am Vortag eines jeden Tests absolvierten die Läufer entweder einen extensiven Dauerlauf oder erhielten einen Ruhetag. Alle Tests erfolgten nach einem mindestens zehn Minuten dauernden Einlaufprogramm sowie einigen Steigerungen bzw. Sprints über 40 m, 60 m und 80 m, die, wie gewohnt, den Tempoläufen vorangestellt waren. Im Anschluss an die ersten drei Tests zur Ermittlung der HF_{max} führten die Probanden submaximale Tempoläufe durch; nach dem vierten Test folgte ein extensiver Dauerlauf.

1.)   Test zur Ermittlung der HF_{max} am Mittwoch, dem 20. Mai 1998:
12-Minuten-Test (s. Kap. 2.10.4.12)

2.) Test zur Ermittlung der HF_{max} am Mittwoch, dem 27. Mai 1998:
1.600-m-Stufentest (s. Kap. 2.10.4.3 S.10: Der Stufentest)

3.) Test zur Ermittlung der HF_{max} am Mittwoch, dem 3. Juni 1998:
800-m-Test (s. Kap. 2.10.4.1)

4.) Test zur Ermittlung der HF_{max} am Samstag, dem 13. Juni 1998:
Hügel-Wiederholungs-Test (s. Kap. 2.10.4.14)

Da die meisten Probanden für diesen Test wegen des Aufsuchens eines geeigneten Hügels mehr Zeit benötigten als für die ersten drei, wurde zu seiner Durchführung ein Wochenendtag gewählt, sodass die Probanden, zum größten Teil Arbeitnehmer, nicht aus Zeitnot an seiner Durchführung gehindert wurden. Die Teilnehmer der Studie führten die Tests selbstständig durch und protokollierten die Ergebnisse auf einem Erhebungsbogen, der den Trainingsplänen des GREIF-Laufklubs beigelegt war (s. Anhang). 18 Probanden führten mehrere bzw. alle Tests unter Aufsicht des Autors dieser Arbeit durch (s. Kap. 4.2).

Die Außentemperaturen bei den vier Tests zur Ermittlung der HF_{max} betrugen für alle Probanden zwischen 14 ° und 25 °C. Die Tests wurden mit einer Abweichung von ± 1 Stunde immer zur gleichen Uhrzeit an den vier o.g. Tagen durchgeführt.

In die Tests zur Bestimmung der HF_{max} wurden nur Werte aufgenommen, die durch Herzfrequenzmessgeräte nach dem EKG-genauen Verfahren (s. Kap. 2.6) bestimmt worden waren. Probandendaten, die nach dem palpatorischen, fotoelektrischen oder Dehnungsmessstreifenverfahren ermittelt worden waren (s. Kap. 2.6), fanden keine Berücksichtigung in dieser Studie. Die erreichten HF_{max}-Werte wurden auf eine der beiden folgenden Arten dokumentiert:

1.) Die HF_{max} wurde während bzw. nach dem Test durch das Herzfrequenzmessgerät automatisch gespeichert und im Anschluss an den Test wieder abgerufen.

2.) Die HF_{max} wurde während bzw. nach dem Test auf dem Display des Herzfrequenzmessgeräts vom Läufer abgelesen.

3.2.3 Übersicht der eingesetzten Herzfrequenzmessgeräte

Insgesamt wurden 34 unterschiedliche Herzfrequenzmessgeräte von acht verschiedenen Herstellern eingesetzt. Die folgende Tabelle beschreibt den quantitativen Einsatz der einzelnen Herzfrequenzmessgeräte, die allesamt nach dem EKG-genauen Prinzip die Herzfrequenz bestimmen.

	Herzfrequenzmessgerät Hersteller/Typenbezeichung		Anzahl
1.0	**Polar** (keine Spezifizierung)		51
1.1	Beat		25
1.2	Favor		33
1.3	Fitwatch		21
1.4	Heartwatch		32
1.5	Pacer		53
1.6	PE 3000		5
1.7	Protrainer NV bzw. XT		64
1.8	Accurex (plus)		44
1.9	Polar Xtrainer		27
1.10	Sporttester Profi		9
1.11	Edge (NV)		19
1.12	Smart Edge NV		5
1.13	Vantage NV		21
1.14	Pro Activ Pulsmesser		19
2.0	**Cardiosport** (keine Spezifizierung)		21
2.1	Autozone		1
2.2	Limit Plus		2
2.3	Profile		1
2.4	Heartsafe		2
2.5	Exel		9
2.6	Start 2		1
2.7	Start 128 T		4
3.0	**Acumen** (keine Spezifizierung)		9
3.1	Acumen Basix		6
3.2	Acumen Basix EX		3
3.3	Acumen Basix Plus		6
3.4	Acumen Exel		8
4.0	**Circuit** (keine Spezifizierung)		13
4.1	Circuit 3		6
4.2	Circuit 5		11
4.3	Circuit 7		7
5.0	**PulseTronic** Blitz		4
5.1	PulseTronicVanguard		6
5.2	PulseTronic Pulse Link		6
6.0	**Puls Tec**		19
7.0	**Precision**		28
8.0	**Seca Sportronic**		8
	GESAMT		609

Tab. 27: *Eingesetzte Herzfrequenzmessgeräte zur Ermittlung der HF$_{max}$*

3.2.4 Auswertungsverfahren

3.2.4.1 Rücklauf

Von den 1.400 Mitgliedern des Peter GREIF-Laufklubs, die gebeten worden waren, sich an dieser Studie zur HF_{max} zu beteiligen, wurden insgesamt 671 Erhebungsbögen (47,9%) ausgefüllt zurückgesandt.

Aus diesem Rücklauf konnten 609 (43,5% der gesamten Fragebögen) für die Auswertung der vorliegenden Arbeit verwendet werden. 62 Erhebungsbögen (4,4%), die entweder unvollständig ausgefüllt worden waren oder HF_{max} -Werte enthielten, die nicht mit einem EKG-genauen Herzfrequenzmessgerät ermittelt worden waren, wurden nicht berücksichtigt.

3.2.4.2 Statistische Verfahren

Die statistische Aufbereitung des Datenmaterials erfolgte mit dem Programmpaket SPSS/PC + V2.0 (SPSS Inc., Chicago, Illinois). Aus den Messwerten wurden die deskriptiven Werte:

- arithmetisches Mittel (MW)
- Standardabweichung (Sd)
- Variationskoeffizient (Var)
- Minimum (Min)
- Maximum (Max)
- Range (Rg)

ermittelt.

Außerdem wurde zur Prüfung der Mittelwertunterschiede der Student's t-Test für korrelierende Stichproben berechnet sowie die Verfahren der einfach linearen Regression (Streupunkte werden auf die Punktfolge einer Linie zurückgeführt) und der multiplen Regression (Einbeziehung weiterer Variablen) eingesetzt.

Die Entscheidung, ob ein Testverfahren sich signifikant von einem anderen unterscheidet, erfolgte unter Zugrundelegung folgender Irrtumswahrscheinlichkeit:

$p > .05$ (p = 5%)	nicht signifikant	dargestellt als: n.s.
$p < .05$ (p = 5%)	schwach signifikant	dargestellt als: *
$p < .01$ (p = 1%)	signifikant	dargestellt als: **
$p < .001$ (p = 0,1%)	hoch signifikant	dargestellt als: ***

Tab. 28: *Signifikanzgrenzen (SACHS 1992, 188)*

3.2.5   Beschreibung des Probandenguts (Rücklauf)

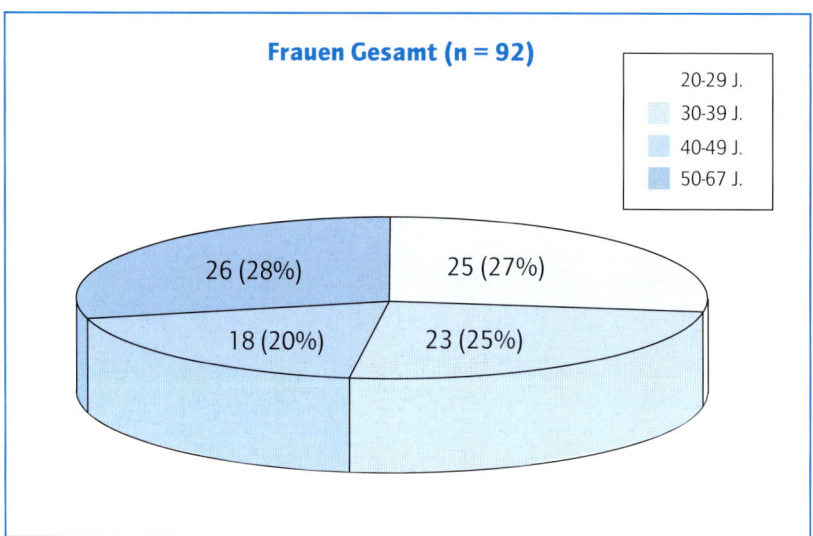

Abb. 33: *Absolute und relative Verteilung der weiblichen Probanden nach Alter*

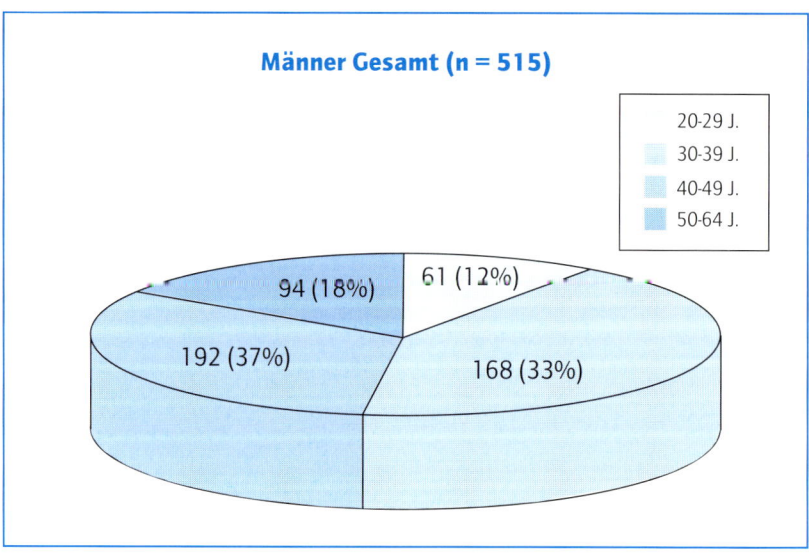

Abb. 34: *Absolute und relative Verteilung der männlichen Probanden nach Alter*

Bei den 607 auswertbaren Fragebögen ist die Anzahl der männlichen Probanden fünfmal höher als die der weiblichen. Dies entspricht in etwa der Teilnehmerstruktur von Volksläufen über 10 km bis hin zum Marathon, bei dem bisweilen auch ein Verhältnis von 10:1 zugunsten der männlichen Teilnehmer beobachtet wird. Bei den Frauen zeigt sich eine fast gleichmäßige Verteilung auf alle vier Altersgruppen, während bei den Männern die 30-39-Jährigen und 40-49-Jährigen 70% aller männlichen Probanden stellen. Auf den nächsten acht Seiten werden folgende Eigenschaften der 607 Probanden, eingeteilt nach Geschlecht und Alter, beschrieben: Alter, Größe, Gewicht, Ruhepuls, 10-km-Bestzeit, Trainingsjahre, Trainingsumfang und die Anzahl der Trainingseinheiten pro Woche.

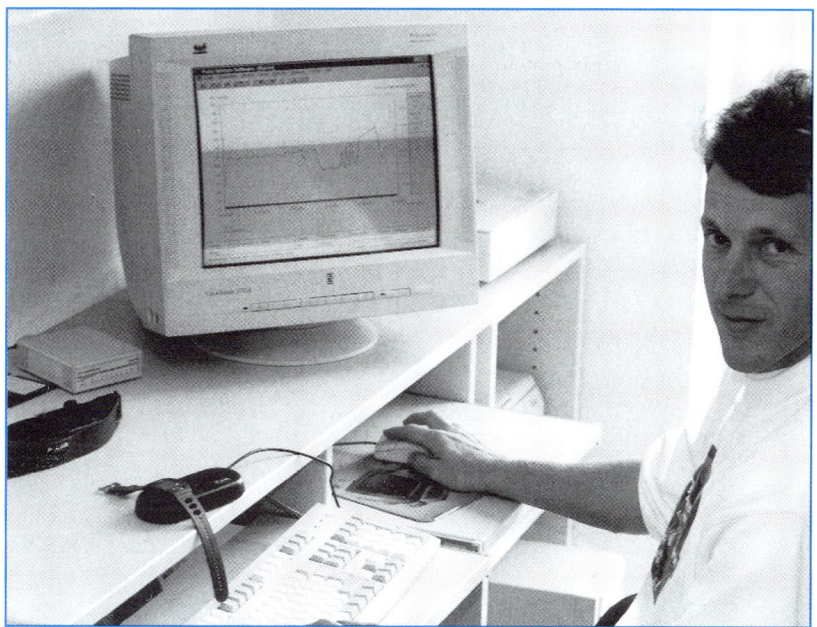

Abb. 35: *Übertragung der Herzfrequenzdaten mittels Interface auf den PC*

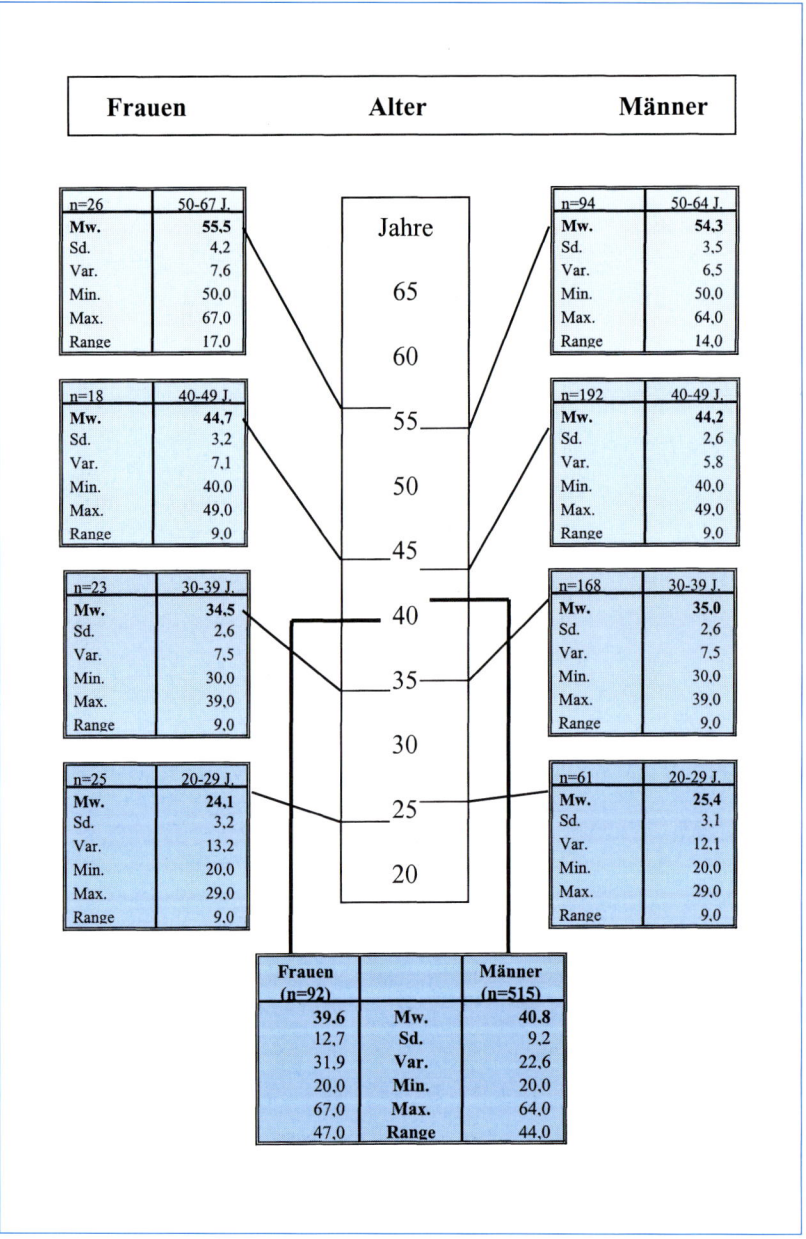

Abb. 36: *Alter der Probanden*

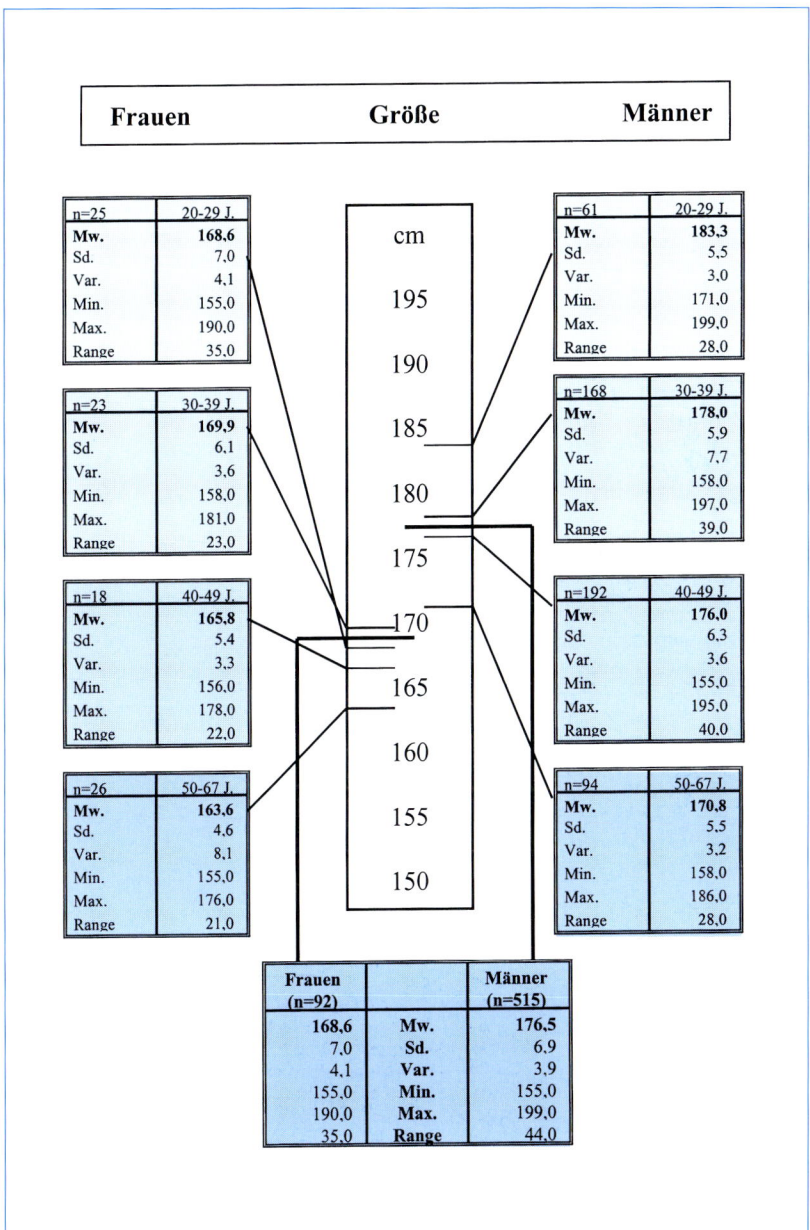

Abb. 37: *Größe der Probanden*

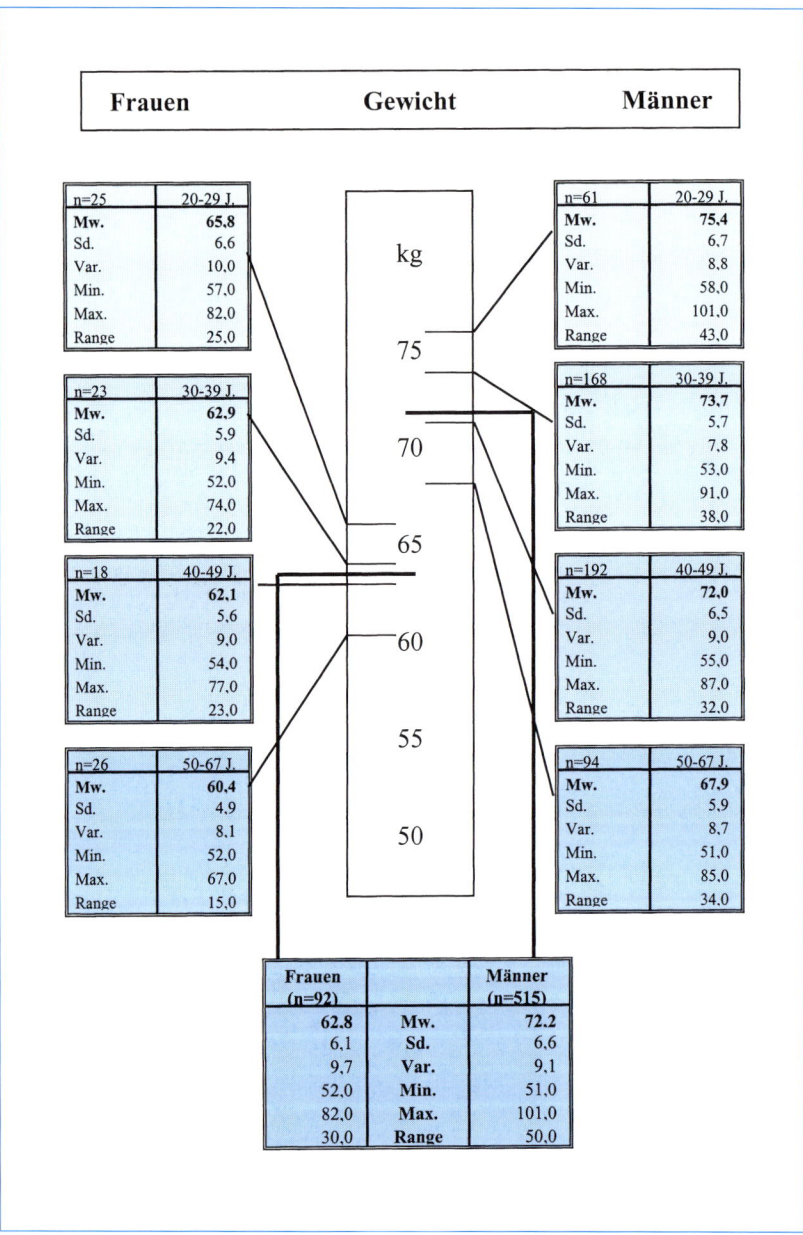

Frauen   **Gewicht**   **Männer**

n=25	20-29 J.
Mw.	**65,8**
Sd.	6,6
Var.	10,0
Min.	57,0
Max.	82,0
Range	25,0

n=23	30-39 J.
Mw.	**62,9**
Sd.	5,9
Var.	9,4
Min.	52,0
Max.	74,0
Range	22,0

n=18	40-49 J.
Mw.	**62,1**
Sd.	5,6
Var.	9,0
Min.	54,0
Max.	77,0
Range	23,0

n=26	50-67 J.
Mw.	**60,4**
Sd.	4,9
Var.	8,1
Min.	52,0
Max.	67,0
Range	15,0

kg
75
70
65
60
55
50

n=61	20-29 J.
Mw.	**75,4**
Sd.	6,7
Var.	8,8
Min.	58,0
Max.	101,0
Range	43,0

n=168	30-39 J.
Mw.	**73,7**
Sd.	5,7
Var.	7,8
Min.	53,0
Max.	91,0
Range	38,0

n=192	40-49 J.
Mw.	**72,0**
Sd.	6,5
Var.	9,0
Min.	55,0
Max.	87,0
Range	32,0

n=94	50-67 J.
Mw.	**67,9**
Sd.	5,9
Var.	8,7
Min.	51,0
Max.	85,0
Range	34,0

Frauen (n=92)		Männer (n=515)
62,8	**Mw.**	**72,2**
6,1	Sd.	6,6
9,7	Var.	9,1
52,0	Min.	51,0
82,0	Max.	101,0
30,0	Range	50,0

Abb. 38: *Gewicht der Probanden*

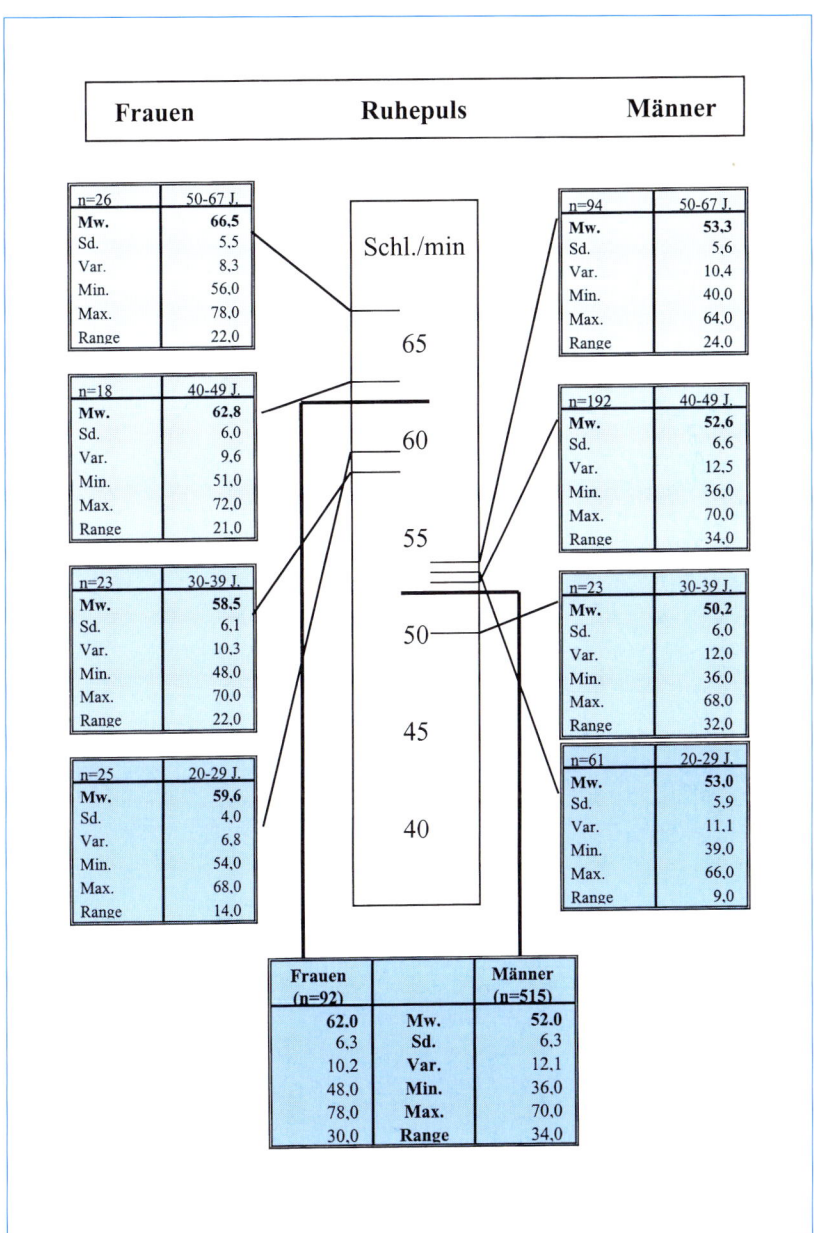

Abb. 39: *Ruhepuls der Probanden*

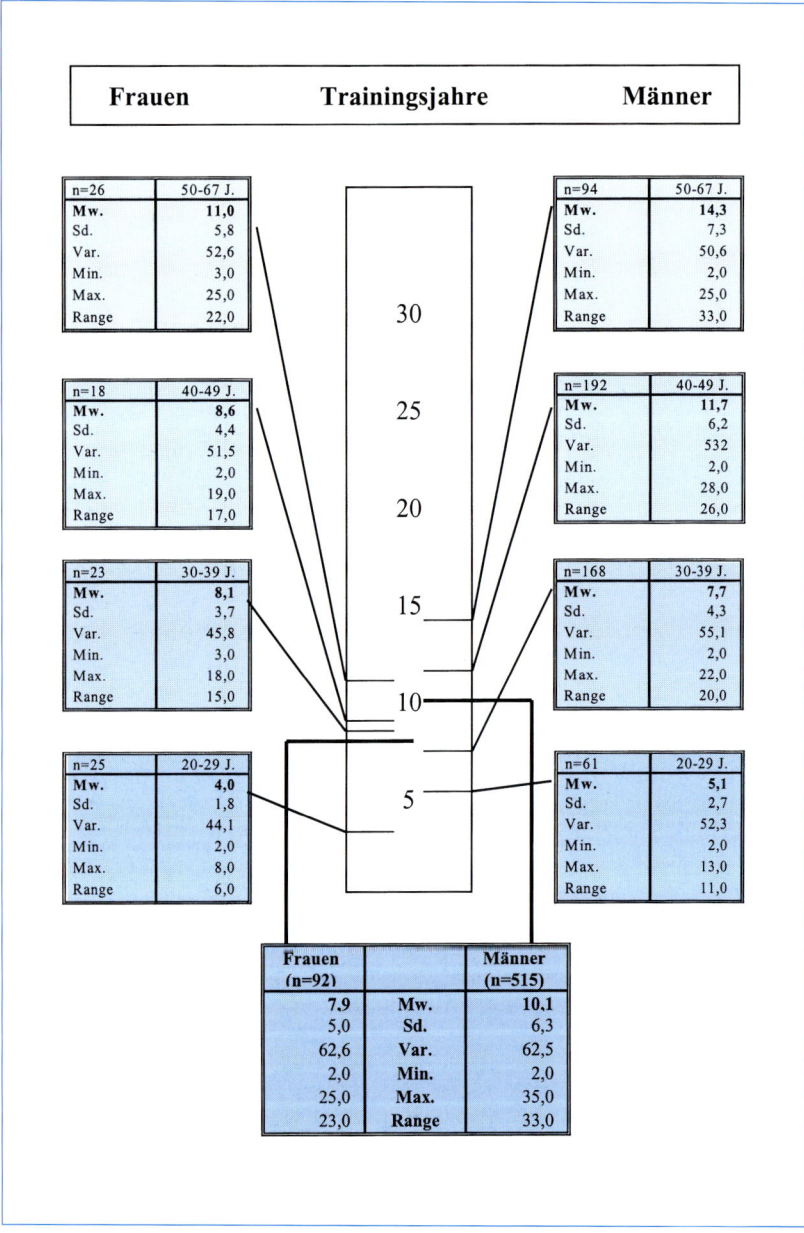

Abb. 40: *Trainingsjahre der Probanden*

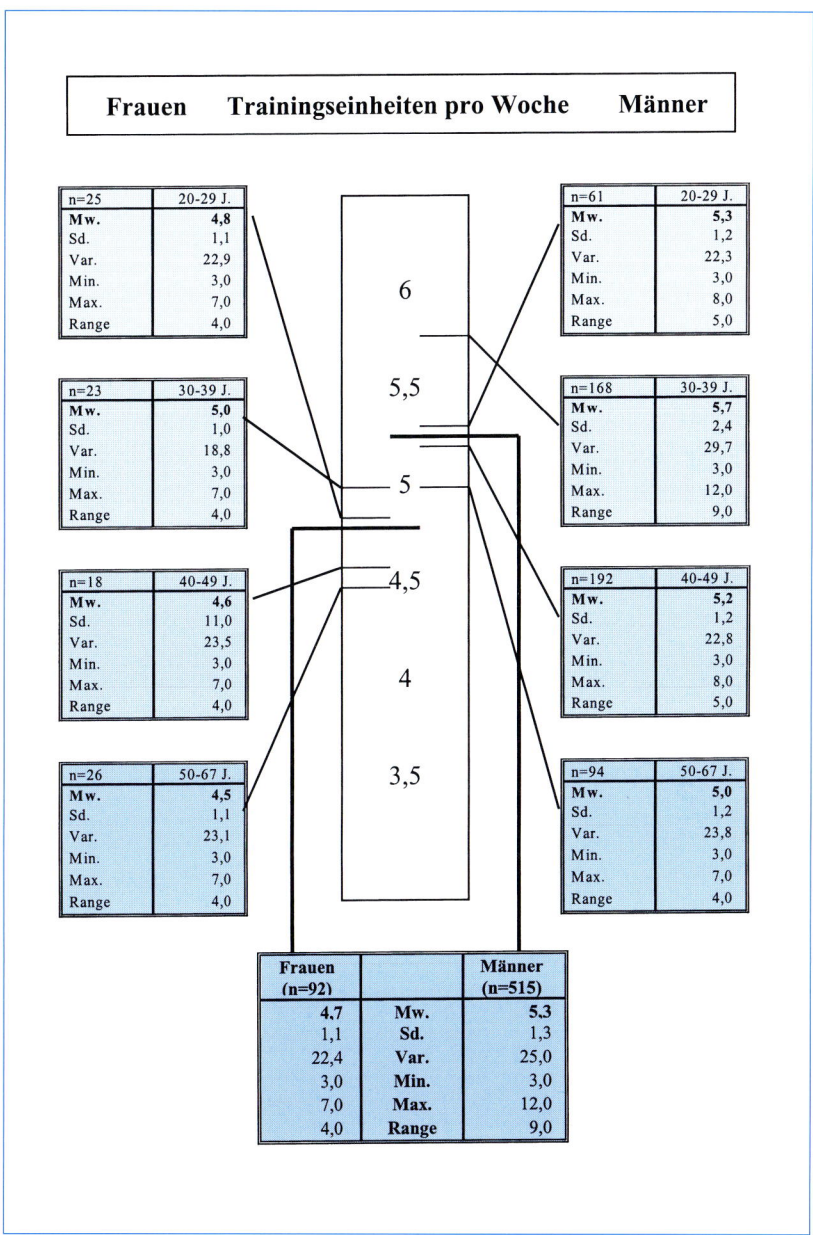

Abb. 41: *Trainingseinheiten pro Woche der Probanden*

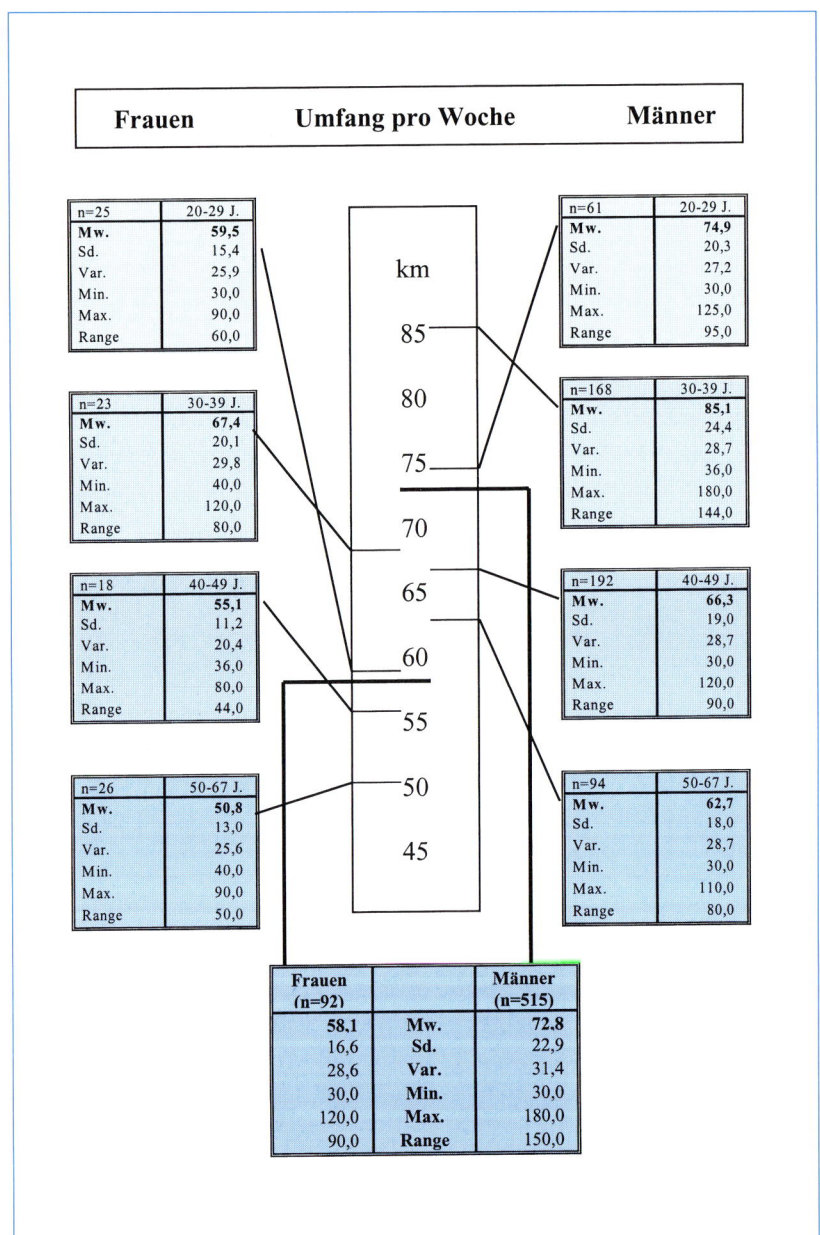

Frauen   **Umfang pro Woche**   **Männer**

n=25	20-29 J.
Mw.	**59,5**
Sd.	15,4
Var.	25,9
Min.	30,0
Max.	90,0
Range	60,0

n=23	30-39 J.
Mw.	**67,4**
Sd.	20,1
Var.	29,8
Min.	40,0
Max.	120,0
Range	80,0

n=18	40-49 J.
Mw.	**55,1**
Sd.	11,2
Var.	20,4
Min.	36,0
Max.	80,0
Range	44,0

n=26	50-67 J.
Mw.	**50,8**
Sd.	13,0
Var.	25,6
Min.	40,0
Max.	90,0
Range	50,0

km

85
80
75
70
65
60
55
50
45

n=61	20-29 J.
Mw.	**74,9**
Sd.	20,3
Var.	27,2
Min.	30,0
Max.	125,0
Range	95,0

n=168	30-39 J.
Mw.	**85,1**
Sd.	24,4
Var.	28,7
Min.	36,0
Max.	180,0
Range	144,0

n=192	40-49 J.
Mw.	**66,3**
Sd.	19,0
Var.	28,7
Min.	30,0
Max.	120,0
Range	90,0

n=94	50-67 J.
Mw.	**62,7**
Sd.	18,0
Var.	28,7
Min.	30,0
Max.	110,0
Range	80,0

Frauen (n=92)		Männer (n=515)
58.1	**Mw.**	**72.8**
16,6	**Sd.**	22,9
28,6	**Var.**	31,4
30,0	**Min.**	30,0
120,0	**Max.**	180,0
90,0	**Range**	150,0

Abb. 42: *Trainingsumfang der Probanden*

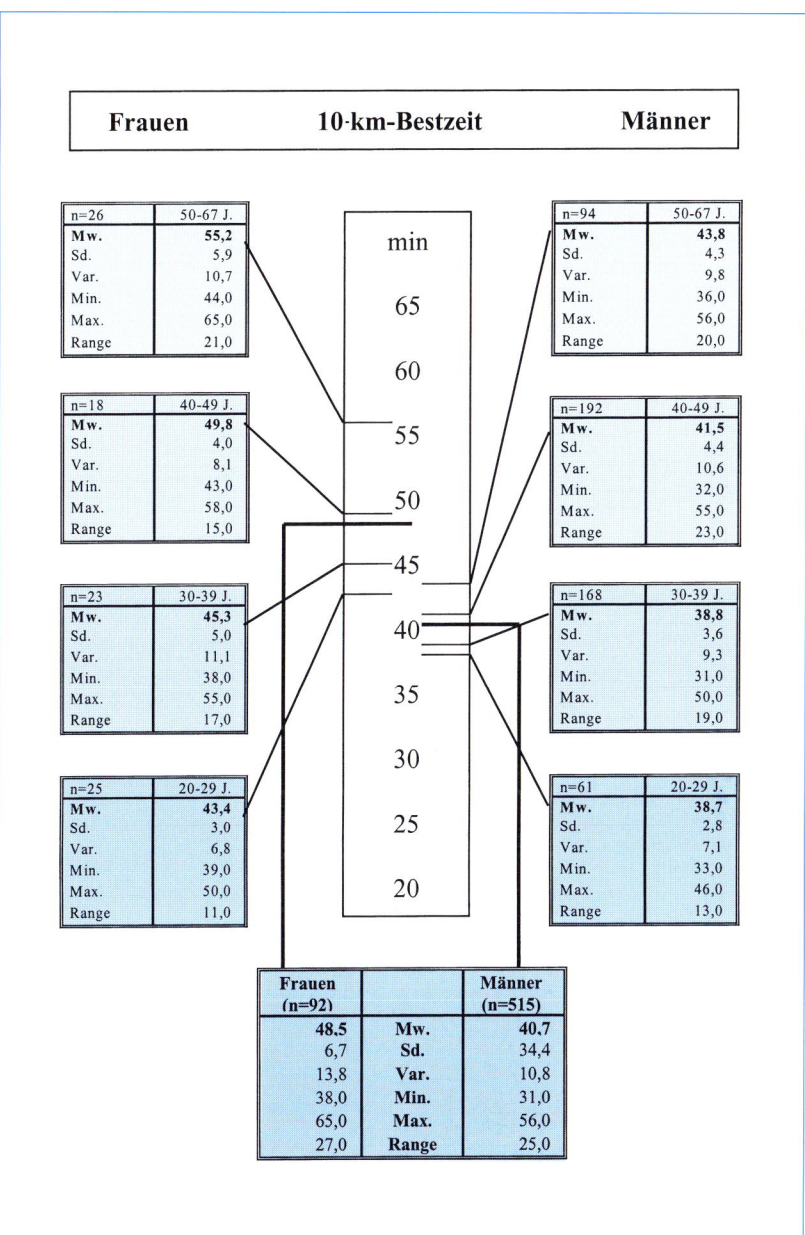

Abb. 43: *10-km-Bestzeit der Probanden*

4   Ergebnisse

4.1   Ergebnisse der Probanden

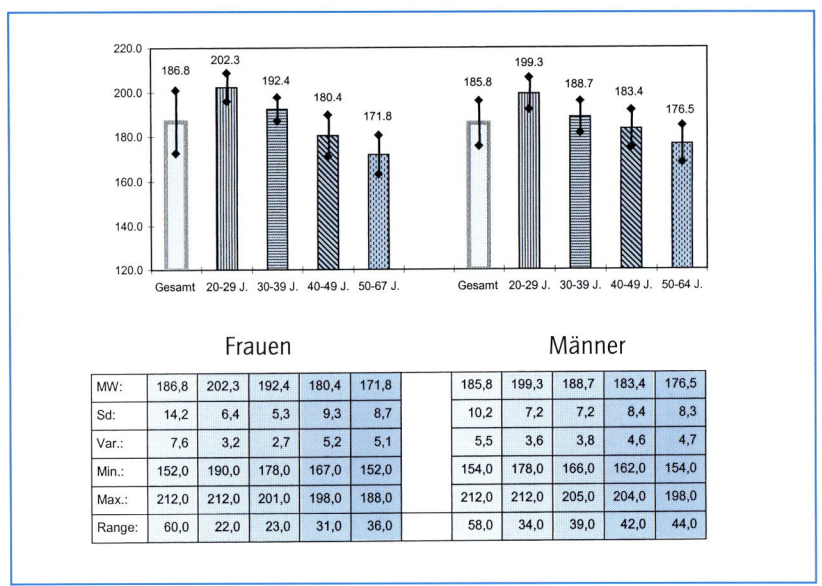

MW:	186,8	202,3	192,4	180,4	171,8	185,8	199,3	188,7	183,4	176,5
Sd:	14,2	6,4	5,3	9,3	8,7	10,2	7,2	7,2	8,4	8,3
Var.:	7,6	3,2	2,7	5,2	5,1	5,5	3,6	3,8	4,6	4,7
Min.:	152,0	190,0	178,0	167,0	152,0	154,0	178,0	166,0	162,0	154,0
Max.:	212,0	212,0	201,0	198,0	188,0	212,0	212,0	205,0	204,0	198,0
Range:	60,0	22,0	23,0	31,0	36,0	58,0	34,0	39,0	42,0	44,0

Abb. 44: *Ergebnisse des HF$_{max}$-Tests 1*

Die durchschnittliche HF$_{max}$ beim 12-Minuten-Ausbelastungstest beträgt bei den Frauen 186,8 Schl./min und bei den Männern 185,8 Schl./min.

Bei beiden Geschlechtern ist deutlich eine reduzierte HF$_{max}$ mit steigendem Alter zu beobachten. In den jüngeren Dekaden liegt die durchschnittliche HF$_{max}$ der Frauen mit 202,3 Schl./min (20-29 Jahre) und 192,4 Schl./min (30-39 Jahre) geringfügig über der der Männer mit 199,3 Schl./min (20-29 Jahre) und 188,7 Schl./min (30-39 Jahre).

Bei den älteren Probanden kehrt sich dieses Verhältnis um. Hier erreichen die Männer mit 183,4 Schl./min (40-49 Jahre) und 176,5 Schl./min (50-64 Jahre) gegenüber 180,4 Schl./min (40-40 Jahre) und 171,8 Schl./min (50-67 Jahre) bei den Frauen die höheren Werte. Die HF$_{max}$ der Frauen als auch der Männer sinkt mit steigendem Lebensalter ab.

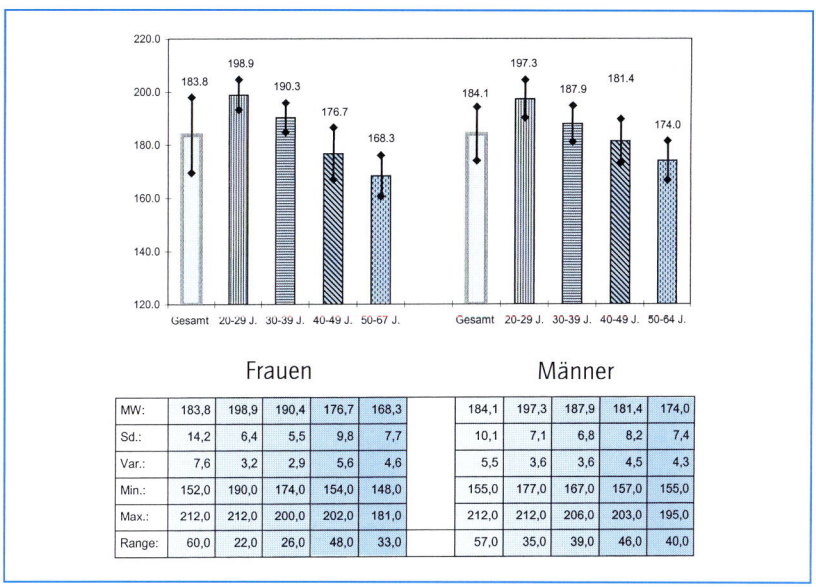

Abb. 45: *Ergebnisse des HF$_{max}$-Tests 2*

	\multicolumn{5}{c}{Frauen}	\multicolumn{5}{c}{Männer}
MW:	183,8	198,9	190,4	176,7	168,3	184,1	197,3	187,9	181,4	174,0
Sd.:	14,2	6,4	5,5	9,8	7,7	10,1	7,1	6,8	8,2	7,4
Var.:	7,6	3,2	2,9	5,6	4,6	5,5	3,6	3,6	4,5	4,3
Min.:	152,0	190,0	174,0	154,0	148,0	155,0	177,0	167,0	157,0	155,0
Max.:	212,0	212,0	200,0	202,0	181,0	212,0	212,0	206,0	203,0	195,0
Range:	60,0	22,0	26,0	48,0	33,0	57,0	35,0	39,0	46,0	40,0

Die durchschnittliche HF$_{max}$ beim 1.600-m-Stufentest beträgt bei den Frauen 183,8 Schl./min und bei den Männern 184,1 Schl./min.

Bei der Betrachtung der einzelnen Altersgruppen ergibt sich ein vergleichbares Bild zum ersten HF$_{max}$-Test. In den jüngeren Dekaden liegt die durchschnittliche HF$_{max}$ der Frauen mit 198,9 Schl./min (20-29 Jahre) und 190,4 Schl./min (30-39 Jahre) geringfügig über der der Männer mit 197,3 Schl./min (20-29 Jahre) und 187,9 Schl./min (30-39 Jahre). Bei den älteren Probanden kehrt sich dieses Verhältnis um. Hier erreichen die Männer mit 181,4 Schl./min (40-49 Jahre) und 174,0 Schl./min (50-64 Jahre) gegenüber 176,7 Schl./min (40-49 Jahre) und 168,3 Schl./min (50-67 Jahre) bei den Frauen die höheren Werte.

Bei beiden Geschlechtern wird mit steigendem Alter eine niedrigere HF$_{max}$ beobachtet.

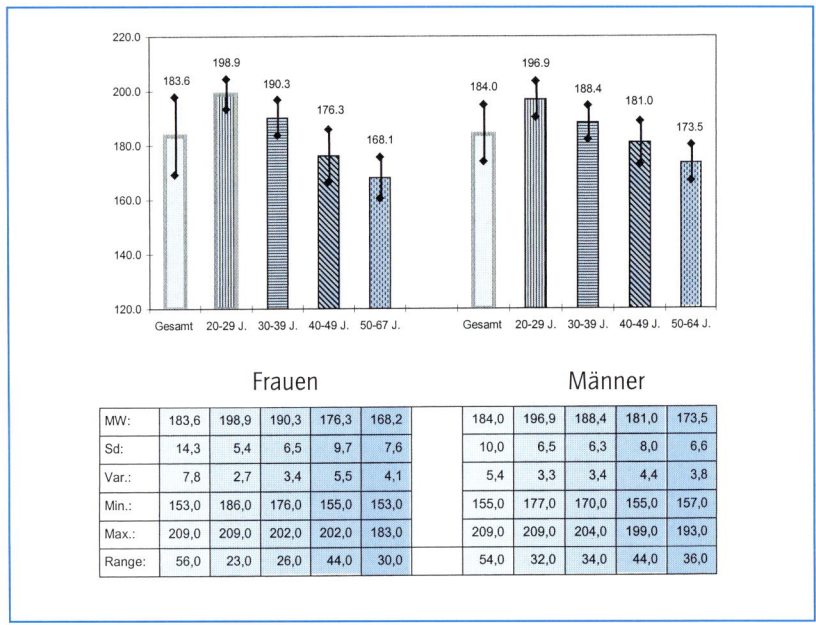

Abb. 46: *Ergebnisse des HF$_{max}$-Tests 3*

Die durchschnittliche HF$_{max}$ beim 800-m-Test beträgt bei den Frauen 183,6 Schl./min und bei den Männern 184,0 Schl./min.

Dieser Test weist in den einzelnen Altersgruppen eine identische Tendenz zu den HF$_{max}$-Tests 1 und 2 auf. In den jüngeren Dekaden liegt die durchschnittliche HF$_{max}$ der Frauen mit 198,9 Schl./min (20-29 Jahre) und 190,3 Schl./min (30-39 Jahre) geringfügig über der der Männer mit 196,9 Schl./min (20-29 Jahre) und 188,4 Schl./min (30-39 Jahre).

Bei den älteren Probanden kehrt sich dieses Verhältnis um. Hier erreichen die Männer mit 181,0 Schl./min (40-49 Jahre) und 173,5 Schl./min (50-64 Jahre) gegenüber 176,3 Schl./min (40-49 Jahre) und 168,2 Schl./min (50-67 Jahre) bei den Frauen die höheren Werte.

Bei beiden Geschlechtern wird mit steigendem Alter eine niedrigere HF$_{max}$ beobachtet.

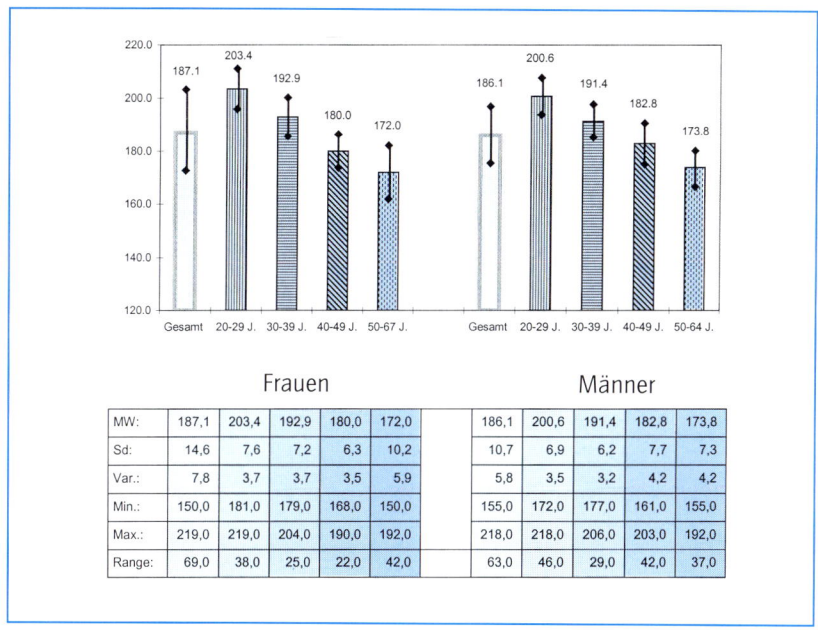

Abb. 47: *Ergebnisse des HF_max-Tests 4*

	Frauen					Männer				
		20-29 J.	30-39 J.	40-49 J.	50-67 J.		20-29 J.	30-39 J.	40-49 J.	50-64 J.
MW:	187,1	203,4	192,9	180,0	172,0	186,1	200,6	191,4	182,8	173,8
Sd:	14,6	7,6	7,2	6,3	10,2	10,7	6,9	6,2	7,7	7,3
Var.:	7,8	3,7	3,7	3,5	5,9	5,8	3,5	3,2	4,2	4,2
Min.:	150,0	181,0	179,0	168,0	150,0	155,0	172,0	177,0	161,0	155,0
Max.:	219,0	219,0	204,0	190,0	192,0	218,0	218,0	206,0	203,0	192,0
Range:	69,0	38,0	25,0	22,0	42,0	63,0	46,0	29,0	42,0	37,0

Die durchschnittliche HF_{max} beim Hügel-Wiederholungs-Test beträgt bei den Frauen 187,1 Schl./min und bei den Männern 186,1 Schl./min.

Die Werte der Altersgruppen beider Geschlechter im Vergleich verhalten sich auch bei diesem Test ähnlich wie bei den ersten drei Tests. In den beiden jüngeren Dekaden liegt die durchschnittliche HF_{max} der Frauen mit 202,4 Schl./min (20-29 Jahre) und 192,9 Schl./min (30-39 Jahre) geringfügig über der der Männer mit 200,6 Schl./min (20-29 Jahre) und 191,4 Schl./min (30-39 Jahre).

Bei den älteren Probanden kehrt sich dieses Verhältnis um. Hier erreichen die Männer mit 182,8 Schl./min (40-49 Jahre) und 173,8 Schl./min (50-64 Jahre) gegenüber 180,0 Schl./min (40-49 Jahre) und 172,0 Schl./min (50-67 Jahre) bei den Frauen die höheren Werte.

Bei beiden Geschlechtern wird mit steigendem Alter eine niedrigere HF_{max} beobachtet.

4.2 Herzfrequenzverlaufskurven der HF_{max}-Tests

Auf den folgenden Seiten wird jeweils an einem Beispiel für jeden HF_{max}-Test die Herzfrequenzkurve eines Probanden dargestellt. Die obere gestrichelte Linie stellt die HF_{max}, errechnet nach der ROST/HOLLMANN-Formel 220 – Lebensalter, dar, die untere gestrichelte Linie die vom Probanden angegebene HF_{Ruhe}. Die Herzfrequenzaufzeichnung beginnt mit dem Warmlaufen, das in den vier Beispielen zwischen 14 und 25 Minuten dauert. Es folgt eine ca. zehnminütige Phase, in der verschiedene Stretching-Übungen durchgeführt werden. In den HF_{max}-Tests 1-3 absolviert der Proband dann die Schnelligkeitsserie über 40 m, 60 m, und 80 m. Danach läuft er den HF_{max}-Test, bei dem die HF_{max} ermittelt wird. Im Anschluss an die HF_{max}-Tests 1-3 wird die Herzfrequenz noch während der nächsten 5-10 Minuten, beim HF_{max}-Test 4 noch weitere 30 Minuten während eines Dauerlaufs protokolliert.

Abb. 48: *Eine Trainingsgruppe leistungsorientierter Freizeitläufer beim Warmlaufen im Wedau-Stadion Duisburg*

4.2.1 Die Herzfrequenzkurve eines 12-Minuten-Tests (HF$_{max}$-Test 1)

Die 27 Jahre alte Probandin läuft sich 15 Minuten mit einer Herzfrequenz von ca. 150 Schl./min ein, führt ein fünfminütiges Dehnprogramm durch und läuft dann eine Schnelligkeitsserie von drei Sprints. Die drei ersten Zacken nach 21, 26 und 31 Minuten beschreiben diese drei Läufe. Hierbei steigt die Herzfrequenz von 157 Schl./min beim 40-m-Sprint über 162 Schl./min beim 60-m-Sprint auf 167 Schl./min beim 80-m-Sprint.

Von der 37. bis zur 49. Minute absolviert die Probandin den 12-Minuten-Test. Die Herzfrequenz steigt sofort zu Beginn auf über 180 Schl./min und klettert im Verlauf des Tests weiter auf Werte von über 190 Schl./min, bewegt sich in den letzten beiden Minuten des Tests, in denen die Probandin mit höchstmöglicher Geschwindigkeit läuft, knapp unter 200 Schl./min und erreicht schließlich gegen Ende eine HF$_{max}$ von 201 Schl./min. In der anschließenden Erholungsphase sinkt die Herzfrequenz innerhalb von zwei Minuten auf 120 Schl./min.

Abb. 49:
Zwei Probanden bei der Durchführung des 12-Minuten-Tests

Abb. 50: *Herzfrequenzverlaufskurve einer 27-jährigen Probandin beim 12-Minuten-Test (HF$_{max}$-Test 1)*

4.2.2 Die Herzfrequenzkurve eines 1.600-m-Stufentests (HF$_{max}$-Test 2)

Der 59 Jahre alte Läufer läuft sich mit einer Herzfrequenz zwischen 115 und 125 Schl./min 25 Minuten ein. Während der folgenden zehn Minuten führt er verschiedene Dehnübungen mit einer Herzfrequenz um die 75 Schl./min aus. Wie beim HF$_{max}$-Test 1 folgt die Schnelligkeitsserie über 40 m, 60 m und 80 m. Der Läufer erreicht bei sehr kurzen Pausen von nur einer Minute zwischen den einzelnen Sprints Herzfrequenzen von 111 Schl./min (40 m) 125 Schl./min (60 m) und 134 Schl./min (80 m). Im folgenden 1.600-m-Stufentest steigt die Herzfrequenz zu Beginn auf 145 Schl./min, klettert kontinuierlich mit steigender Geschwindigkeit weiter und hat ihr Maximum bei 166 Schl./min am Ende des Tests. In der Erholungsphase sinkt die Herzfrequenz innerhalb von zwei Minuten auf 100 Schl./min.

Abb. 51:
59-jähriger Altersklassenläufer bei der Durchführung des 1.600-m-Stufentests (HF$_{max}$-Test 2)

Abb. 52: *Herzfrequenzkurve eines 59-jährigen Probanden beim 1.600-m-Stufentest (HF$_{max}$–Test 2)*

4.2.3 Die Herzfrequenzkurve eines 800-m-Tests (HF$_{max}$-Test 3)

Der 59 Jahre Proband läuft sich mit einer Herzfrequenz zwischen 115 und 125 Schl./min knapp über 20 Minuten ein, führt über zehn Minuten verschiedene Stretching-Übungen durch und absolviert dann die Sprintserie wie beim HF$_{max}$-Test 1 und 2. Er erreicht 115 Schl./min beim 40-m-Sprint, 130 Schl./min beim 60-m-Sprint und 139 Schl./min beim 80-m-Sprint. Im folgenden 800-m-Ausbelastungstest, den er in 3:03 min läuft, steigt die Herzfrequenz kontinuierlich auf 160 Schl./min, bleibt über 40 s mit geringen Schwankungen von einigen Schl./min auf dieser Höhe und erreicht gegen Ende des Tests eine HF$_{max}$ von 169 Schl./min. Innerhalb von zwei Minuten sinkt die Herzfrequenz auf 100 Schl./min.

Abb. 53:

Zwei Probanden bei der Durchführung des 800-m-Tests

Abb. 54: *Herzfrequenzverlaufskurve eines 59-jährigen Probanden beim 800-m-Test (HF_max-Test 3)*

4.2.4 Die Herzfrequenzkurve eines Hügel-Wiederholungs-Tests (HF$_{max}$-Test 4)

Der 31 Jahre alte Proband läuft sich 20 Minuten mit einer Herzfrequenz zwischen 140 und 150 Schl./min ein. Während der nächsten 20 Minuten führt er einige Dehnübungen und koordinative Übungen durch. Daraufhin absolviert er den Hügel-Wiederholungs-Test, indem er 4 x 90 s einen Berg mit einer Steigung zwischen 6 und 8% hinaufläuft. Die Pause besteht in einer zweiminütigen Trabpause bergab bis zum Start. Die Herzfrequenz steigt vom ersten Hügellauf, bei dem der Proband 185 Schl./min erreicht, über 190 Schl./min beim zweiten und 194 Schl./min beim dritten Lauf auf schließlich 196 Schl./min bei der vierten und letzten Wiederholung. In den Trabpausen reduziert sich die Herzfrequenz auf Werte zwischen 149 und 155 Schl./min. Nach der letzten Belastung sinkt die Herzfrequenz innerhalb von zwei Minuten auf 125 Schl./min. Dann setzt der Proband sein Training mit einem Dauerlauf fort.

Abb. 55:
Läuferin bei der Durchführung des Hügel-Wiederholungs-Tests

Abb. 56: *Herzfrequenzverlaufskurve eins 31-jährigen Probanden beim Hügel-Wiederholungs-Test (HF$_{max}$-Test 4)*

5 Diskussion der Untersuchungsergebnisse

5.1 Vergleich der einzelnen HF$_{max}$-Tests untereinander

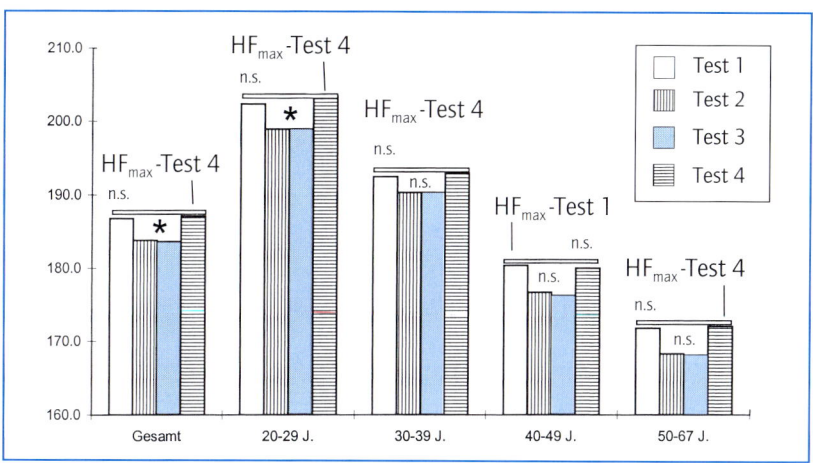

Abb. 57: *Vergleich der vier HF$_{max}$-Tests der Frauen*

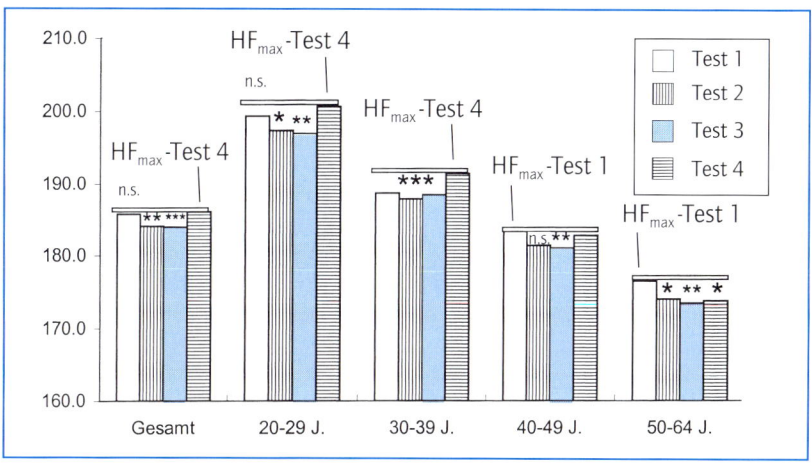

Abb. 58: *Vergleich der vier HF$_{max}$-Tests der Männer*

Das Ziel des Vergleichs der vier praktischen Tests zur Ermittlung der HF_{max} besteht darin, zu überprüfen, welcher der vier Tests in der jeweiligen Altersgruppe und in den beiden Gesamtgruppen bei einem trainierten Langläufer die höchste individuelle HF_{max} erbringt. Wie in den obigen Diagrammen zu erkennen ist, zeigen die Ergebnisse der männlichen und weiblichen Gesamtgruppe in ihrer Tendenz ein relativ einheitliches Verhalten.

In beiden Geschlechtern wurden die absolut höchsten Herzfrequenzen für alle Altersklassen entweder durch den HF_{max}-Test 1 oder 4 ermittelt. Sowohl bei den Männern als auch bei den Frauen liegen die Ergebnisse der HF_{max}-Tests 2 und 3 unter denen vom HF_{max}-Test 1 und 4. Der HF_{max}-Test 4 erzielte sowohl bei der Gesamtfrauengruppe (187,1 Schl./min) als auch bei der Gesamtmännergruppe (186 Schl./min) den höchsten Mittelwert. Der HF_{max}-Test 1 liegt mit seinen Mittelwerten (Frauen: 186,8 Schl./min; Männer: 185,8 Schl./min) geringfügig unter denen vom HF_{max}-Test 4, zeigt aber keine signifikanten Unterschiede zu ihnen. Die HF_{max}-Tests 2 und 3 der Gesamtfrauengruppe weichen schwach signifikant vom HF_{max}-Test 4 ab. Der HF_{max}-Test 2 liegt signifikant und der HF_{max}-Test 3 hoch signifikant unter den Ergebnissen des HF_{max}-Tests 4 der Gesamtmännergruppe.

Hiernach können sowohl für weibliche als auch für männliche trainierte Langläufer, ohne dabei nach dem Alter zu differenzieren, generell der 12-Minuten-Test (HF_{max}-Test 1) und der Hügel-Wiederholungs-Test (HF_{max}-Test 4) zur Ermittlung der HF_{max} empfohlen werden.

Da sich aber durchaus in den einzelnen Altersklassen andere Tendenzen ergeben könnten, müssen die vier HF_{max}-Tests auf ihre Einsatzmöglichkeit in den einzelnen Alterklassen untersucht werden, und zwar bei beiden Geschlechtern.

Beim Vergleich der HF_{max}-Tests der weiblichen Altersklassen wird in der Gruppe der 20-29-jährigen Frauen ein identisches Verhalten zu dem der Gesamtfrauengruppe deutlich. In den folgenden Altersgruppen der 30-39-jährigen, 40-49-jährigen und 50-67-jährigen Frauen wird eine ähnliche Tendenz wie bei der Gesamtfrauengruppe und den 20-29-jährigen Frauen beobachtet, d.h., die Werte der HF_{max}-Tests 1 und 4 liegen über denen der HF_{max}-Tests 2 und 3. Allerdings unterscheiden sie sich von ihnen nicht signifikant. Hieraus muss gefolgert werden, dass für die trainierte Läuferin ab 30 Jahre jeder der vier HF_{max}-Tests geeignet sein dürfte, die HF_{max} zu ermitteln. Somit wären für diese Läufergruppe die vier in dieser Studie eingesetzten HF_{max}-Tests untereinander austauschbar.

Bei der Gruppe der 20-29-jährigen Männer ermitteln die HF_{max}-Tests 1 und 4 – wie bei der Gesamtmännergruppe – die höchsten Werte. Der HF_{max}-Test 2 liegt schwach und der HF_{max}-Test 3 signifikant unter den HF_{max}-Tests 1 und 4. In der Altersgruppe der 30-39-jährigen Männer liegt der HF_{max}-Test 4 hoch signifikant über den drei anderen HF_{max}-Tests. Auffällig in dieser Altersgruppe ist das Abweichen des HF_{max}-Tests 1 vom HF_{max}-Test 4. Im Gegensatz zu allen weiblichen Altersklassen, zur Gesamtmännergruppe und vor allem der nächstjüngeren und nächstälteren Altersgruppe, bei der sich beide Tests nicht signifikant unterscheiden, liegt der HF_{max}-Test 1 hier erstaunlicherweise hoch signifikant unter dem HF_{max}-Test 4. Bestimmte Gründe hierfür lassen sich nicht erkennen.

In der Altersklasse der 40-49-jährigen Männer unterscheiden sich die HF_{max}-Tests 2 und 4 nicht signifikant vom höchsten HF_{max}-Test 1, während der HF_{max}-Test 3 signifikant unter ihm liegt. In der Gruppe der 50-64-jährigen Männer ist der HF_{max}-Test 1 der höchste. Die HF_{max}-Tests 2 und 4 liegen schwach signifikant, der HF_{max}-Test 3 signifikant unter ihm. Hier stellt sich die Frage, ob diese Ergebnisse mit der geringer werdenden motorischen Eigenschaft *Kraft* im Alter zusammenhängen. Es wäre denkbar, dass die männlichen Läufer über 50 Jahre nicht mehr in der Lage sind, sich muskulär vollständig auszubelasten, obwohl das Herz-Kreislauf-System noch Reserven besitzen könnte. In dieser Läufergruppe erzielt der HF_{max}-Test 1 die höchsten Resultate. Die im Alter verlängerte Anspringzeit des Herzens, um die HF_{max} zu erreichen (ISRAEL 1982), könnte der Grund dafür sein, dass der HF_{max}-Test 1 – der Test mit der längsten Dauer, nämlich 12 Minuten – bei Läufern über 50 Jahre die höchste HF_{max} bewirkt.

Der HF_{max}-Test 2 (800-m-Test) und HF_{max}-Test 3 (1.600-m-Stufentest) weisen in allen Altersgruppen beider Geschlechter keine signifikanten Unterschiede auf. Obwohl der 1.600-m-Stufentest (HF_{max}-Test 3) mindestens die doppelte Zeit erfordert und die Geschwindigkeit somit zwangsläufig langsamer ist als beim 800-m-Test, liegen die Mittelwerte der beiden Tests in den Gesamtgruppen und allen Altersklassen um höchstens 0,5 Schl./min (Männer 30-39 Jahre) auseinander. Da beide HF_{max}-Tests in allen männlichen Altergruppen schwach bis hoch signifikante niedrigere Ergebnisse gegenüber HF_{max}-Tests 1 und HF_{max}-Tests 4 aufweisen, können sie für männliche Langläufer nicht empfohlen werden. Für weibliche Läufer zwischen 30 und 67 Jahren erscheint ein Einsatz vertretbar, da ihre im Vergleich zu den HF_{max}-Tests 1 und 4 niedrigeren Ergebnisse nicht signifikant sind.

Die vier HF_{max}-Tests lassen sich in zwei Gruppen einteilen. Die HF_{max}-Tests 1 (12 Minuten), 2 (1.600-m-Stufentest) und 3 (800 m) wurden auf einer ebenen 400-m-Rundbahn absolviert und weisen somit standardisierte Bedingungen auf Grund der Zeit beim HF_{max}-Test 1 bzw. der Streckenlänge beim HF_{max}-Test 2 und 3 auf. Der HF_{max}-Test 4 wurde an einem möglichst steilen Hügel bei einer Belastungsdauer von 4 x 90 Sekunden durchgeführt. Da die Angabe „an einem möglichst steilen Hügel" (s. Anhang: Fragebogen) relativ unpräzise ist, konnten die Probanden den Steigungswinkel nach ihrem subjektiven Empfinden wählen bzw. waren von dem ihnen zur Verfügung stehenden Terrain abhängig; höchstwahrscheinlich hat dies zu Unterschieden in Bezug auf die Steigung geführt. Unabhängig vom messbaren Grad des Steigungswinkels liefen alle Probanden bergauf, was zur Folge hatte, dass die Geschwindigkeit vermindert und der Krafteinsatz gegenüber dem Laufen in flachem Gelände erhöht war. Die Probanden erbrachten in derselben Sportart, nur unter veränderten Bedingungen – nämlich bergauf – ebenso hohe Werte wie beim HF_{max}-Test 1 bzw. sogar signifikant höhere Werte als bei den HF_{max}-Tests 2 und 3.

Nach Erkenntnissen von NEUMANN et al. (1993) und BUSKIES/BOECKH-BEHRENS (1995) wird bei unterschiedlichen Sportarten (vgl. Rad fahren – Laufen) in der Sportart mit dem höheren Krafteinsatz eine geringere HF_{max} beobachtet. Konsequenterweise hätte der mit einer verminderten Geschwindigkeit verbundene, höhere lokale Krafteinsatz der Beinmuskulatur beim Bergauflaufen (HF_{max}-Test 4) niedrigere Ergebnisse als beim HF_{max}-Test 1, 2 und 3 erwarten lassen. Wahrscheinlich aber lässt sich die unerwartet hohe HF_{max} durch einen intensiveren Armeinsatz beim Bergauflaufen gegenüber dem Laufen in flachem Gelände erklären. Ungeklärt bleibt, ob und inwiefern eine Veränderung des Steigungswinkels zu Unterschieden bei der HF_{max} führen kann.

Die Geschwindigkeit allein kommt als entscheidender Faktor für das Erreichen der HF_{max} nicht in Betracht; denn diese kann bei einem Sprint nicht erreicht werden, sondern erst „nach einer bestimmten Mindestbelastungsdauer" (ISRAEL 1982, 66), wie auch die Herzfrequenzkurven dokumentieren. Bei der Sprintserie von 40 m, 60 m und 80 m mit größtmöglicher Geschwindigkeit ist zu erkennen, wie die Herzfrequenz zwar bei länger werdender Strecke ansteigt, aber immer noch weit unter ihrem maximalen Wert beim anschließenden Ausbelastungstest bleibt. ISRAEL (1982, 85 bzw. 1975, 372) erläutert an anderer Stelle indirekt die „Mindestbelastungsdauer", indem er schreibt, dass die HF_{max} im körperlichen Höchstleistungsalter nach 20 s, beim Fünfzigjährigen aber erst nach der zwei- bzw. dreifachen Zeit erreicht wird. Wenn dieser Prozess sich mit fortschreitendem Alter fortsetzt, bedeutet das eine weitere Verlängerung des Zeitraums bis zum Erreichen der HF_{max}. Diese Tendenz ist in der männlichen Probandengruppe zu erkennen, bei der der zeitlich längste Test (HF_{max}-Test 1 über 12 Minuten) bei den 40-49-jährigen und 50-64-jährigen Läufern die höchste HF_{max} erzielt, während bei den beiden jüngeren männlichen Probandengruppen der Hügel-Wiederholungs-Test (HF_{max}-Test 4) die höchste HF_{max} erzielt.

Zum Vergleich sei hier erwähnt, dass HOLLMANN (1963, 81) die HF_{max} seiner weiblichen und männlichen Probanden im Alter von 20 bis 80 Jahren während einer 3-5-minütigen Maximalbelastung ermittelte. Er gab ihnen die Möglichkeit, die Dauer der Maximalbelastung innerhalb eines vorgegebenen Intervalls selbst zu bestimmen. Es stellt sich die Frage, ob die Dauer der angegebenen Maximalbelastung auch für die älteren Probanden, beispielsweise der 7. und 8. Lebensdekade, ausreichend war, um die individuelle HF_{max} zu erreichen. Die in der vorliegenden Untersuchung erzielten Ergebnisse lassen stark vermuten, dass eine Verlängerung der Ausbelastungsphase in den älteren Probandengruppen eine höhere HF_{max} erbracht hätte. Diese Vermutung wird auch durch die Erkenntnis von SCHMITH/ISRAEL (1983, 159) gestützt, dass ältere Personen die chronotropen Möglichkeiten ihres Herzens nicht voll ausschöpfen, weil ihnen die Motivation von Jüngeren fehlt und sie sich bei hohen körperlichen Anforderungen aus Ängstlichkeit zurückhalten.

In der folgenden Tabelle sind noch einmal die Faktoren aufgelistet, die, zusammen mit dem gerade erwähnten psychischen Einfluss, Auswirkungen auf die Herzfrequenz haben und die sowohl beim praktischen Einsatz der Ausbelastungstests als auch bei dem hieraus abgeleiteten herzfrequenzgesteuerten Training immer berücksichtigt werden müssen.

Externe Faktoren	Interne Faktoren
Belastungsnormative	Veranlagung
Psychische Faktoren (z.B. Angst)	Alter
Medikamente	Trainingszustand
Klima/Wetter	Allgemeine Verfassung

Tab. 29: *Interne und externe Faktoren mit Einfluss auf die Herzfrequenz (nach LAGERSTRØM 1985 in: ROST et al. 1991, 71)*

Sowohl HASTED et al. (1975) als auch ISRAEL (1982) beobachteten im Wettkampf eine höhere HF_{max} als bei den zur Ermittlung solcher Werte eingesetzten Testverfahren. Die Vermutung liegt nahe, dass sich die Probanden in einer Testsituation nicht vollständig ausbelasten, während im Wettkampf durch die Konkurrenzsituation oder auch durch materiellen Anreiz eine größere und eventuell sogar vollständige Ausbelastung erfolgt. Hierfür spricht auch die Tatsache, dass die meisten Athleten im Wettkampf schnellere Zeiten als im Training erzielen. Deshalb lässt sich der Einwand formulieren, dass die in den vier HF_{max}-Tests ermittelten Werte in einem Wettkampf durchaus noch übertroffen werden könnten.

Unter den 15 Vorschlägen zur Ermittlung der HF_{max} (Kap. 2.9.4) gibt es drei Möglichkeiten, die während eines Wettkampfs realisiert werden: der 3.000-m-Wettkampf (GRÜNING 1998), der 5.000-m-Wettkampf (NEUMANN et al. 1993; HOTTENROTT 1993a; GRÜNING 1998) und der 10-km-Wettkampf (GRÜNING 1997). Nach ISRAEL (1982) können hoch ausdauertrainierte Leistungssportler ihre HF_{max} über 30 Minuten aufrechterhalten. Das entspricht einer Streckenlänge von 10 km.

Da die männlichen Probanden im Durchschnitt 40,6 Minuten und die weiblichen Probanden 48,5 Minuten für die 10-km-Strecke benötigen, bedeutet dies, dass sie ihre HF_{max} auf keinen Fall für die Gesamtdauer eines 10-km-Wettkampfs beibehalten können und allenfalls in der Lage sind, sie in einem Endspurt zu erreichen. Ein kürzerer Wettkampf, wie z.B. über 5.000 m mit einer Dauer zwischen 15 und 25 Minuten, erscheint geeigneter für die Ermittlung der HF_{max} dieser Gruppe, die in die Kategorie *gut trainiert*, jedoch noch nicht *hoch ausdauertrainiert* einzuordnen ist. Allerdings wären für eine wissenschaftliche Absicherung dieser Empfehlung weitere Tests an einer größeren Probandenzahl erforderlich.

Hierzu sei bemerkt, dass bei elf Probanden dieser Untersuchung, die vom Autor regelmäßig trainiert werden, während eines 10-km-Wettkampfs Herzfrequenzkontrollen vorgenommen wurden und dass sie alle unter ihren in den HF_{max}-Tests ermittelten Werten blieben, wie aus der folgenden Tabelle hervorgeht. Das lässt darauf schließen, dass es für Läufer dieses Leistungsniveaus nicht möglich ist, in einem 10-km-Wettkampf ihre HF_{max} zu erreichen.

Andererseits muss berücksichtigt werden, dass diese Läufer ihre HF_{max}-Tests unter Aufsicht des Autors vornahmen. Auf Grund der dadurch entstandenen äußeren Bedingungen könnten die Tests einen wettkampfähnlichen Charakter bekommen haben. Das schließt nicht aus, dass der Teil der Gesamtprobandengruppe, der die vier HF_{max}-Tests ohne Gegner und ohne Zuschauer absolvierte, nicht doch in einem Wettkampf – vielleicht über 3.000 m oder 5.000 m – höhere HF_{max}-Werte erzielen würde als in den Tests.

Proband	Alter	HF_{max} im Test	HF_{max} im 10-km-Lauf	Differenz
Läuferin 1	27 Jahre	201 Schl./min	194 Schl./min	- 7 Schl./min
Läuferin 2	30 Jahre	204 Schl./min	192 Schl./min	- 12 Schl./min
Läuferin 3	31 Jahre	197 Schl./min	186 Schl./min	- 11 Schl./min
Läuferin 4	34 Jahre	203 Schl./min	201 Schl./min	- 2 Schl./min
Läufer 1	27 Jahre	203 Schl./min	195 Schl./min	- 8 Schl./min
Läufer 2	32 Jahre	198 Schl./min	191 Schl./min	- 7 Schl./min
Läufer 3	36 Jahre	189 Schl./min	185 Schl./min	- 4 Schl./min
Läufer 4	36 Jahre	182 Schl./min	175 Schl./min	- 7 Schl./min
Läufer 5	40 Jahre	187 Schl./min	182 Schl./min	- 5 Schl./min
Läufer 6	41 Jahre	183 Schl./min	175 Schl./min	- 8 Schl./min
Läufer 7	59 Jahre	166 Schl./min	165 Schl./min	- 1 Schl./min

Tab. 30: *Die HF_{max} des Ausbelastungstests im Vergleich zum 10-km-Wettkampf*

5.2 Vergleich der eigenen Untersuchungsergebnisse mit den gängigen HF_{max}-Formeln

Frauen	220 – LA (ROST/HOLL-MANN 1982) HF_{max} (Schl./min)	220 – 1/2 LA (LAGER-STRØM/ GRAF 1986) HF_{max} (Schl./min)	226 – LA (PETERS/ STEMPER 1996; HILLS 1998) HF_{max} (Schl./min)	210 – 0,8 LA (NEUMANN et al. 1998) HF_{max} (Schl./min)	200 – 1/2 LA (NEUMANN et al. 1998) HF_{max} (Schl./min)
Gesamt (n = 92)	180,4 ± 12,7	200,2 ± 6,3	186,4 ± 12,7	178,3 ± 10,1	180,2 ± 6,3
20 – 29 (n = 25)	195,9 ± 3,2	207,9 ± 1,6	201,9 ± 3,2	190,7 ± 2,5	187,9 ± 1,6
30 – 39 (n = 23)	185,5 ± 2,6	202,7 ± 1,3	191,5 ± 2,6	182,4 ± 2,1	182,7 ± 1,3
40 – 49 (n = 18)	175,3 ± 3,1	197,7 ± 1,6	181,3 ± 3,1	174,2 ± 2,5	177,7 ± 1,6
50 – 67 (n = 26)	164,5 ± 4,2	192,2 ± 2,1	170,5 ± 4,2	165,6 ± 3,4	172,2 ± 2,1

Tab. 31: *Die HF_{max} der weiblichen Probanden, ermittelt durch die gängigen Formeln*

Männer	220 – LA (ROST/HOLL-MANN 1982) HF_{max} (Schl./min)	220 – 1/2 LA (LAGER-STRØM/ GRAF 1986) HF_{max} (Schl./min)	226 – LA (PETERS/ STEMPER 1996; HILLS 1998) HF_{max} (Schl./min)	210 – 0,8 LA (NEUMANN et al. 1998) HF_{max} (Schl./min)	200 – 1/2 LA (NEUMANN et al. 1998) HF_{max} (Schl./min)
Gesamt (n = 515)	179,2 ± 9,2	199,6 ± 4,6	185,2 ± 9,2	177,4 ± 7,4	179,6 ± 4,6
20 – 29 (n = 61)	194,6 ± 3,1	207,3 ± 1,5	200,6 ± 3,1	189,7 ± 2,5	187,3 ± 1,5
30 – 39 (n = 168)	185,0 ± 2,6	202,5 ± 1,3	191,0 ± 2,6	182,0 ± 2,1	182,5 ± 1,3
40 – 49 (n = 192)	175,8 ± 2,6	198,9 ± 1,3	181,8 ± 2,6	174,6 ± 2,1	178,9 ± 1,3
50 – 64 (n = 94)	165,7 ± 3,5	192,8 ± 1,8	171,5 ± 3,5	166,6 ± 2,8	172,8 ± 1,8

Tab. 32: *Die HF_{max} der männlichen Probanden, ermittelt durch die gängigen Formeln*

5.2.1   Die HF_{max}, errechnet durch die gängigen Formeln

An Hand des erhobenen Datenmaterials wurde die HF_{max} der Probandengruppe durch die fünf gängigen Formeln errechnet (s.o.). Die Formeln weisen eine Konstante zwischen 200 und 226 auf, von der das Lebensalter mit einem Faktor zwischen 0,5 und 1,0 subtrahiert wird.

Im Gesamtvergleich der beiden Gesamtgruppen sind deutliche Unterschiede bei der errechneten HF_{max} zu erkennen. Die größten Differenzen von 22,2 Schl./min bei der Gesamtmännergruppe sowie 21,9 Schl./min bei der Gesamtfrauengruppe werden zwischen der Formel 220 – 1/2 Lebensalter = HF_{max} (LAGERSTRØM/GRAF 1986) und 210 – 0,8 Lebensalter = HF_{max} (NEUMANN et al. 1998) beobachtet. Bei den Formeln 220 – 1/2 Lebensalter = HF_{max} (LAGERSTRØM/GRAF 1986) und 200 – 1/2 Lebensalter = HF_{max} (NEUMANN et al. 1998) werden generell durch die um 20 differierende Konstante verständlicherweise bei allen Altersgruppen Unterschiede der HF_{max} von 20 Schl./min festgestellt.

Größere Unterschiede weisen lediglich die Ergebnisse der älteren Probandengruppen bei einem Vergleich der Formeln 220 – LA = HF_{max} (ROST/HOLLMANN 1982) und 220 – 1/2 LA = HF_{max} (LAGERSTRØM/GRAF 1986) auf. Hier führt der Faktor 0,5 bzw. 1 vor dem Lebensalter zu Differenzen der HF_{max} von bis zu 27,1 Schl./min bei den 50-64-jährigen Männern bzw. 27,7 Schl./min bei den 50-67-jährigen Frauen. Der Läufer würde, je nach Wahl der Formel, eine unterschiedliche HF_{max} von bis zu 27 Schl./min errechnen und seine Trainingsbereiche ableiten, was selbst bei einer Intensität von 60% der HF_{max} immer noch eine Abweichung von 16 Schl./min ergibt. Mit höherem Alter macht sich der Faktor, mit dem das Alter berücksichtigt wird, immer stärker bemerkbar und führt so zu absolut höheren Differenzen als bei jüngeren Läufern.

5.2.2   Vergleich der Ergebnisse mit der Formel ROST/HOLL-MANNS

220 – Lebensalter = HF$_{max}$ (ROST/HOLLMANN 1982)

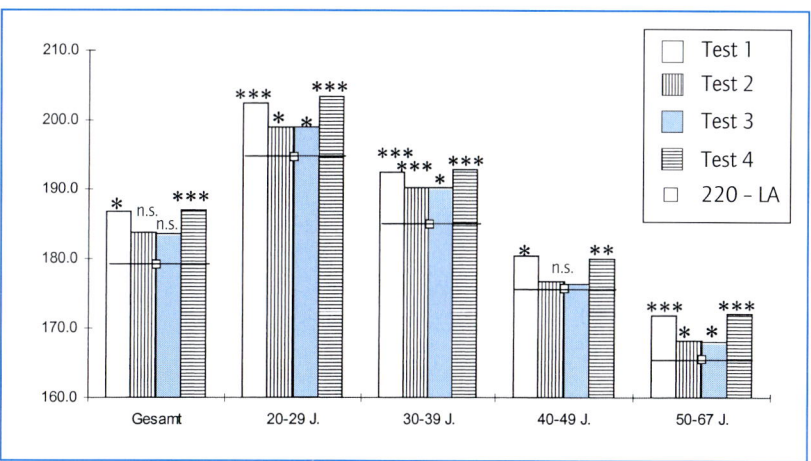

Abb. 59: *HF$_{max}$-Tests 1-4 der Frauen im Vergleich zu der Formel 220 – LA = HF$_{max}$ (Signifikanzniveau nach PEARSON *p < 0.05. **p < 0.01. ***p < 0.001)*

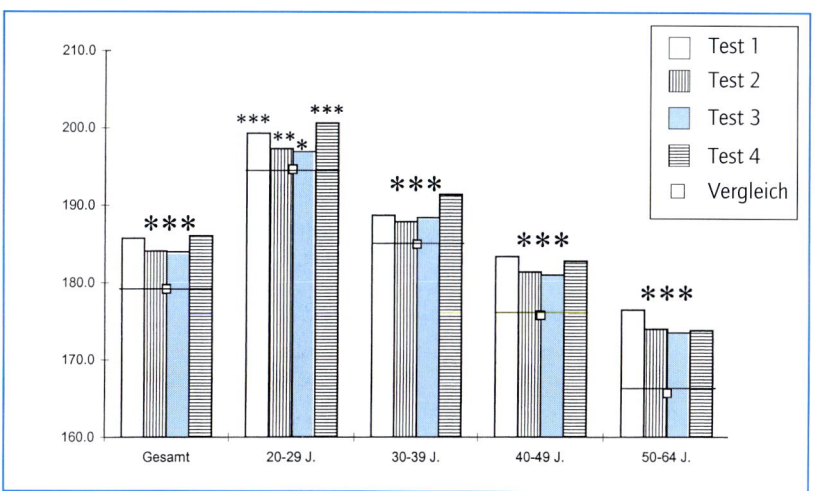

Abb. 60: *HF$_{max}$-Tests 1-4 der Männer im Vergleich zu der Formel 220 – Lebensalter = HF$_{max}$ (Signifikanzniveau nach PEARSON *p < 0.05. **p < 0.01. ***p < 0.001)*

Die eigenen Untersuchungsergebnisse zeigen sowohl bei den Männern als auch bei den Frauen höhere maximale Herzfrequenzen als diejenigen, die nach der Formel 220 – Lebensalter = HF_{max} (ROST/HOLLMANN 1982) errechnet wurden. Während in der Gesamtgruppe der Männer alle vier HF_{max}-Tests hoch signifikant über dem formelmäßig errechneten Wert liegen, ist bei der Gesamtgruppe der Frauen der HF_{max}-Test 4 hoch signifikant und der HF_{max}-Test 1 schwach signifikant höher. Die niedrigeren Ergebnisse der HF_{max}-Tests 2 und 3 unterscheiden sich nicht signifikant von der ROST/HOLLMANN-Formel.

Bei der Betrachtung der einzelnen männlichen Altersklassen wird deutlich, dass die Abweichung der in den Tests ermittelten HF_{max} zur o.g. Formel bei steigendem Lebensalter zunimmt. In der jüngsten Altersgruppe (20-29 Jahre) beträgt die Abweichung zwischen Test und Formel lediglich zwischen 2,3 Schl./min (schwach signifikant zum HF_{max}-Test 3) und 6,0 Schl./min (hoch signifikant zum HF_{max}-Test 4). In den weiteren Altersklassen liegen alle Testergebnisse hoch signifikant über den formelmäßig errechneten. In der Gruppe der 30-39-jährigen Läufer betragen die Abweichungen zwischen 2,9 Schl./min (HF_{max}-Test 2) und 6,4 Schl./min (HF_{max}-Test 4). Allerdings werden in der folgenden Altersgruppe (40-49 Jahre) bereits Differenzen von 5,2 Schl./min (HF_{max}-Test 3) bis 7,6 Schl./min (HF_{max}-Test 1) errechnet, die sich in der Gruppe der ältesten Probanden (50-64 Jahre) noch auf 7,8 Schl./min (HF_{max}-Test 3) bis 10,8 Schl./min (HF_{max}-Test 1) vergrößern.

Im Gegensatz zu den männlichen Probanden ist in den weiblichen Altersklassen nicht die Tendenz einer höheren Abweichung mit steigendem Alter vom formelmäßig errechneten Durchschnittswert zu erkennen. Während in den jüngeren Altersklassen die Abweichungen hoch signifikant (HF_{max}-Test 1 und 4) bzw. schwach bis hoch signifikant (HF_{max}-Test 2 und 3) sind, werden in der Altersklasse 40-49 Jahre keine signifikanten Unterschiede zwischen HF_{max}-Test 2 bzw. 3 und dem formelmäßigen Wert beobachtet. In der Alterklasse 50-67 Jahre werden allerdings wieder schwach (HF_{max}-Test 2 und 3) bzw. hoch- (HF_{max}-Test 1 und 4) signifikante Unterschiede festgestellt.

Die Errechnung der HF_{max} nach der Formel 220 – LA wird für männliche Läufer mit steigendem Alter immer ungenauer. Die ermittelten Tests zeigen zwar, dass die HF_{max} mit steigendem Lebensalter abnimmt, der Faktor scheint aber nicht bei einem Schl./min pro Lebensjahr zu liegen, wie ROST/HOLLMANN (1982) es postulieren, sondern muss – gerade bei männlichen Sportlern – bei zunehmendem Alter mit einem Koeffizienten < 1 versehen werden. Ein Herzfrequenztraining für trainierte Läufer auf der Grundlage der o.g. Formel dürfte eine zu niedrige Intensität für die Laufeinheiten mit sich bringen.

Dieses Ergebnis kommt den Beobachtungen von SCHMITH/ISRAEL (1983) nahe, die sogar einen Regressionskoeffizienten von 0,48 für Männer errechneten. Da die Probandengruppe der vorliegenden Studie als gut trainiert angesehen werden muss (s. Kap. 3.1), treffen für sie ISRAELS (1982) Erkenntnisse an trainierten älteren Läufern eher zu als die ROST/HOLLMANNS, die sich auf eine untrainierte Personengruppe beziehen.

Für beide Geschlechter muss berücksichtigt werden, dass die ROST/HOLLMANN-Formel 220 – Lebensalter nach Untersuchungen an größtenteils untrainierten Probanden ohne Berücksichtigung des Geschlechts auf dem Fahrradergometer aufgestellt wurde. Die Tatsache, dass die Probanden untrainiert waren, dürfte zu einer höheren gemessenen HF$_{max}$ (s. Kap. HF$_{max}$) geführt haben. Andererseits muss berücksichtigt werden, dass in vorliegender Studie die Tests beim Laufen durchgeführt wurden. Mittlerweile wird übereinstimmend von Sportmedizinern und Trainingsdiagnostikern darauf hingewiesen, dass bei gleicher objektiver Belastung die Herzfrequenzwerte beim Laufen um ca. 10-15 Schl./min höher sein können als beim Rad fahren (s. Kap. HF$_{max}$ mit fortschreitendem Alter). Berücksichtigt man den guten Trainingszustand der Probanden dieser Studie, der zu einer leicht erniedrigten HF$_{max}$ (s. Kap. HF$_{max}$) geführt haben könnte, sowie die Tatsache, dass die HF$_{max}$-Tests beim Laufen und nicht auf dem Fahrradergometer gemessen wurden, was zu einer höheren HF$_{max}$ führt, können hiermit die Unterschiede zwischen den Ergebnissen dieser Arbeit zu denen von ROST/HOLLMANN (1982) begründet werden.

5.2.3 Vergleich der Ergebnisse mit der Formel LAGERSTRØM/ GRAFS

220 - 1/2 Lebensalter = HF_{max} (LAGERSTRØM/GRAF 1986)

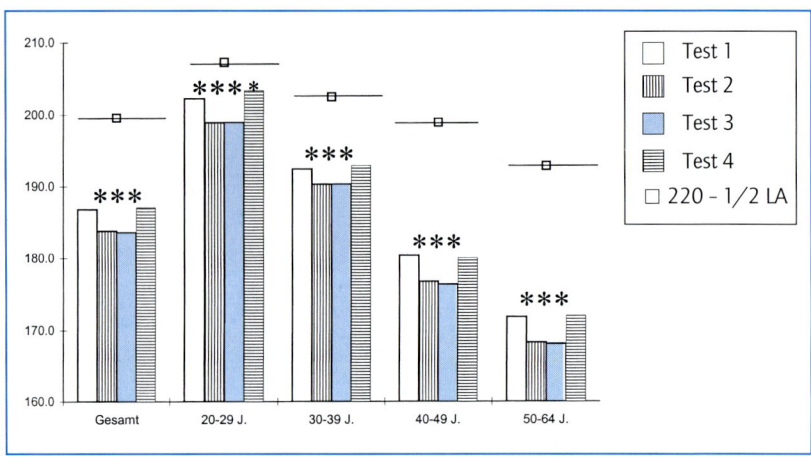

Abb. 61: *Die HF_{max}-Tests 1-4 der Frauen im Vergleich zu der Formel 220 – 1/2 Lebensalter = HF_{max} (Signifikanzniveau nach PEARSON *p < 0.05. **p < 0.01. ***p < 0.001)*

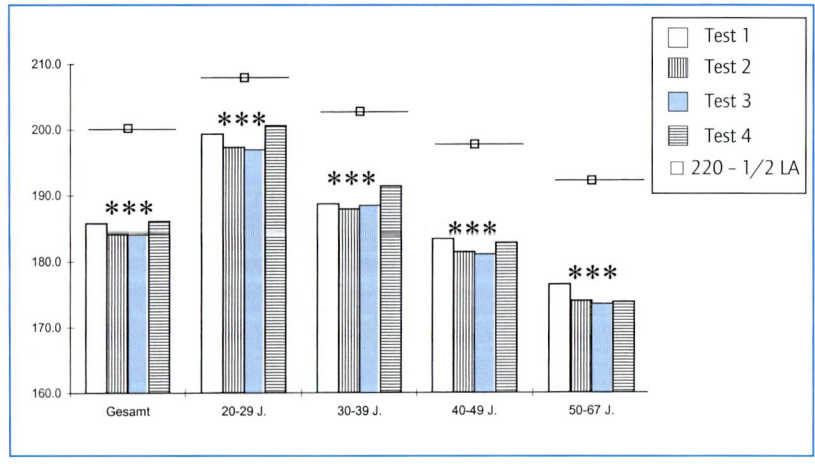

Abb. 62: *Die HF_{max}-Tests 1-4 der Männer im Vergleich zu der Formel 220 – 1/2 Lebensalter = HF_{max} (Signifikanzniveau nach PEARSON *p < 0.05. **p < 0.01. ***p < 0.001*

Im Gegensatz zur ROST/HOLLMANN-Formel (s. S. 111) liegen die nach der Formel 220 – 1/2 Lebensalter errechneten durchschnittlichen HF$_{max}$-Werte bei Männern und Frauen weit über den tatsächlich erzielten maximalen Testwerten. Bei beiden Geschlechtern und in allen Altersklassen liegen die HF$_{max}$-Tests hoch signifikant über den formelmäßig errechneten Ergebnissen. Die einzige Ausnahme stellt der HF$_{max}$-Test 4 dar, der nur schwach signifikant über den Ergebnissen der weiblichen Altersklasse 20-29 Jahre liegt.

Beim Vergleich der ermittelten Ergebnisse mit der Formel 220 – 1/2 Lebensalter = HF$_{max}$ (LAGERSTRØM/GRAF 1986) ergibt sich bei der errechneten durchschnittlichen HF$_{max}$ der gesamten männlichen Probandengruppe eine Abweichung von 13,5 Schl./min (HF$_{max}$-Test 4) bis zu 15,6 Schl./min (HF$_{max}$-Test 3). Ebenso wie bei der ROST/HOLLMANN-Formel nehmen die Abweichungen gegenüber der ermittelten HF$_{max}$ mit steigendem Lebensalter zu und erreichen in der Altersgruppe der 50-64-jährigen Männer sogar Differenzen von 26,3 Schl./min (HF$_{max}$-Test 1) bis zu 29,3 Schl./min (HF$_{max}$-Test 3).

Ähnlich verhalten sich die Unterschiede bei den Frauen. Die Abweichungen von der errechneten HF$_{max}$ für die weibliche Gesamtgruppe betragen zwischen 13,1 Schl./min (HF$_{max}$-Test 4) und 16,8 Schl./min (HF$_{max}$-Test 3). Allerdings können in der Altersklasse der 20-29-jährigen Frauen geringere Abweichungen von 4,5 Schl./min (HF$_{max}$-Test 4) bis 9,0 Schl./min (HF$_{max}$-Test 3) verzeichnet werden. Mit steigendem Alter vergrößern sich die Differenzen zwischen Test und mathematischer Formel auf 20,0 Schl./min (HF$_{max}$-Test 4) bzw. sogar 24,1 Schl./min (HF$_{max}$-Test 3) in der Gruppe der ältesten Läuferinnen (50-67 Jahre).

Intensitätsangaben für Training und Wettkampf auf Grund der mathematisch nach der Formel 220 – 1/2 Lebensalter (LAGERSTRØM/GRAF 1986) errechneten HF$_{max}$ müssen folglich für die trainierte Läuferin ab 30 Jahre und den trainierten Läufer jeder Altersklasse eine Überforderung bedeuten. Diese Sportler würden bei einem herzfrequenzgesteuerten Training auf Grund einer zu hoch angesetzten HF$_{max}$ die beabsichtigten Trainingsläufe immer zu schnell gestalten; bei einem Wettkampf, z.B. in einem Marathonlauf, könnte das vorgegebene Herzfrequenzintervall zu einem zu hohen Tempo verleiten, das der Läufer im späteren Rennverlauf mit einer reduzierten Geschwindigkeit oder sogar mit einer Gehpause bezahlen müsste.

5.2.4   Vergleich der Ergebnisse
mit der Formel PETERS/STEMPERS und HILLS et al.

226 – Lebensalter = HF_{max} (PETERS/STEMPER 1996; HILLS et al. 1998)

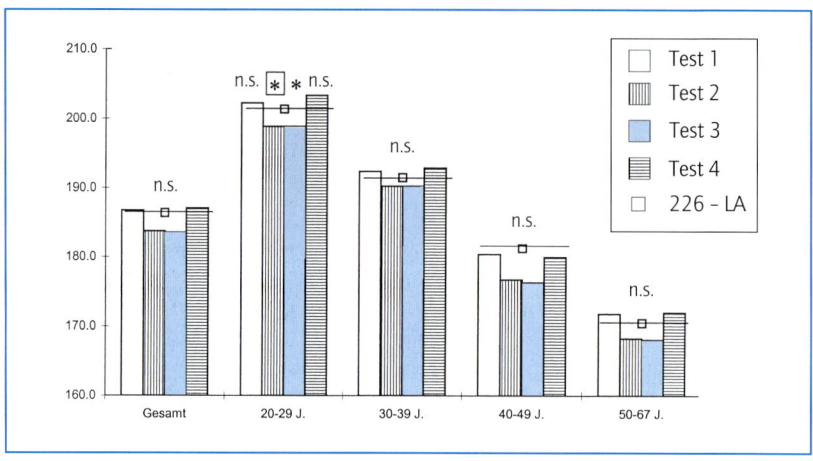

Abb. 63: *Die HF_{max}-Tests 1-4 der Frauen im Vergleich zu der Formel 226 – Lebensalter = HF_{max} (Signifikanzniveau nach PEARSON *p < 0.05. **p < 0.01. ***p < 0.001)*

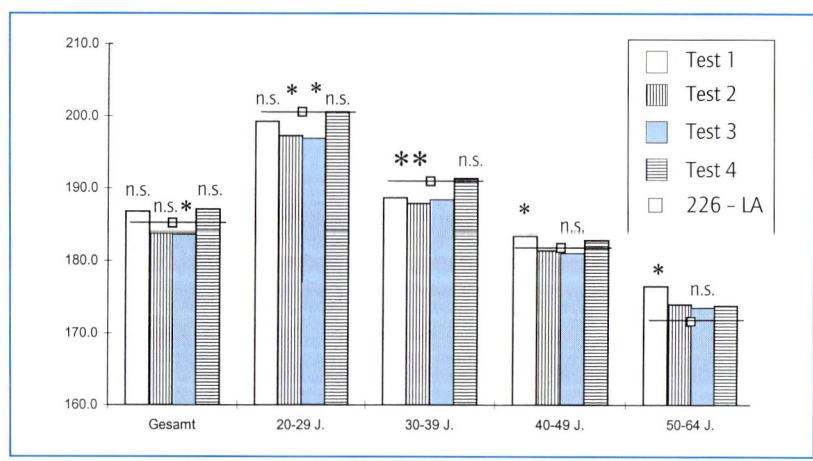

Abb. 64: *Die HF_{max}- Tests 1-4 der Männer im Vergleich zu der Formel 226 – Lebensalter = HF_{max} (Signifikanzniveau nach PEARSON *p < 0.05. **p < 0.01. ***p < 0.001)*

Eine der wenigen Formeln zur Errechnung der HF$_{max}$, die das Geschlecht berücksichtigt, ist die für Frauen auf 226 – Lebensalter = HF$_{max}$ modifizierte ROST/HOLLMANN-Formel, wie sie HILLS et al. (1998) nennen bzw. PETERS/STEMPER (1996) bei der Errechnung der HF$_{max}$ für Läuferinnen benutzen. Die Reduzierung der HF$_{max}$ mit steigendem Alter wird pro Lebensjahr mit dem Faktor 1 angegeben. Die Konstante der ROST/HOLLMANN-Formel ist um 6 auf 226 erhöht.

Sowohl in der Gesamtgruppe der Frauen als auch in allen Altersklassen ergibt der Vergleich mit den Werten aller vier HF$_{max}$-Tests keine signifikanten Unterschiede. Einzig in der jüngsten Altersgruppe, derjenigen der 20-29-jährigen Frauen, liegen die Ergebnisse der HF$_{max}$-Tests 2 bzw. 3 schwach signifikant unter denen der Formel.

Obwohl die Formel 226 – Lebensalter = HF$_{max}$ in der Literatur nur für Frauen empfohlen wird, erscheint es doch instruktiv, sie an dieser Stelle auch mit den Testergebnissen der männlichen Probanden zu vergleichen. Denn es fällt auf, dass die Ergebnisse des HF$_{max}$-Tests 4, der sowohl in der Gesamtgruppe als auch in den beiden jüngeren männlichen Altersklassen der höchste ist, nicht signifikant von den formelmäßig errechneten Werten aller männlichen Altersgruppen abweichen. Der HF$_{max}$-Test 1 zeigt keine signifikanten Abweichungen gegenüber der o.g. Formel bei der Gesamtgruppe und der jüngsten Altersklasse (20-29 Jahre), liegt allerdings in der Altersklasse der 30-39-jährigen Läufer hoch signifikant unter und in den beiden Altersklassen 40-49 Jahre sowie 50-64 Jahre schwach signifikant über den Ergebnissen der Formel. Die HF$_{max}$-Tests 2 und 3, deren Ergebnisse generell unter denen der HF$_{max}$-Tests 1 und 4 liegen, zeigen in den beiden älteren männlichen Altersklassen keine signifikanten Abweichungen, liegen aber in der Altersklasse der 20-29-Jährigen schwach, in der Altersklasse der 30-39-Jährigen hoch signifikant unter den Ergebnissen der o.g. Formel.

Diese Ergebnisse lassen die Folgerung zu, dass die bisher nur für Frauen postulierte o.g. Formel auch für männliche trainierte Läufer Gültigkeit besitzt. Die ROST/HOLLMANN-Formel, mit einer um 6 erhöhten Konstante, wie sie HILLS et al. (1998) und PETERS/STEMPER (1996) eigentlich für Läuferinnen aufstellten, verdient auch Berücksichtigung beim herzfrequenzgesteuerten Training trainierter männlicher Läufer.

5.2.5   Vergleich mit der ersten Formel NEUMANNS

210 – 0,8 Lebensalter = HF_{max} (NEUMANN 1998 et al.)

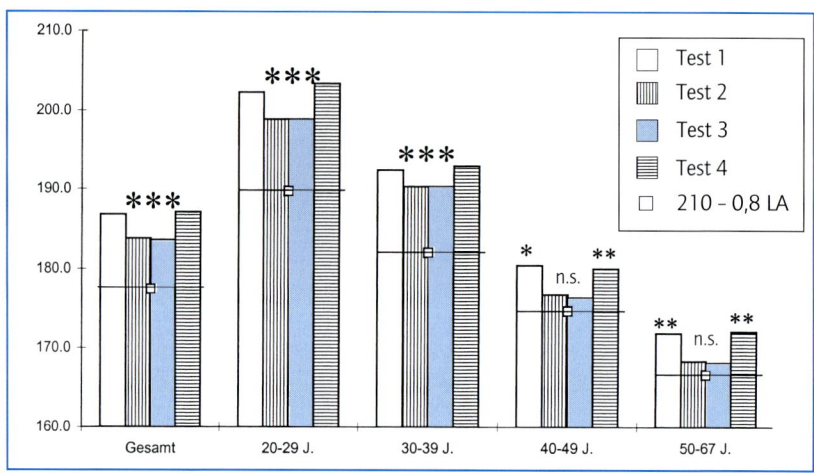

Abb. 65: *Die HF_{max}-Tests 1-4 der Frauen im Vergleich zu der Formel 210 – 0.8 Lebensalter = HF_{max} (Signifikanzniveau nach PEARSON *p < 0.05. **p < 0.01. ***p < 0.001)*

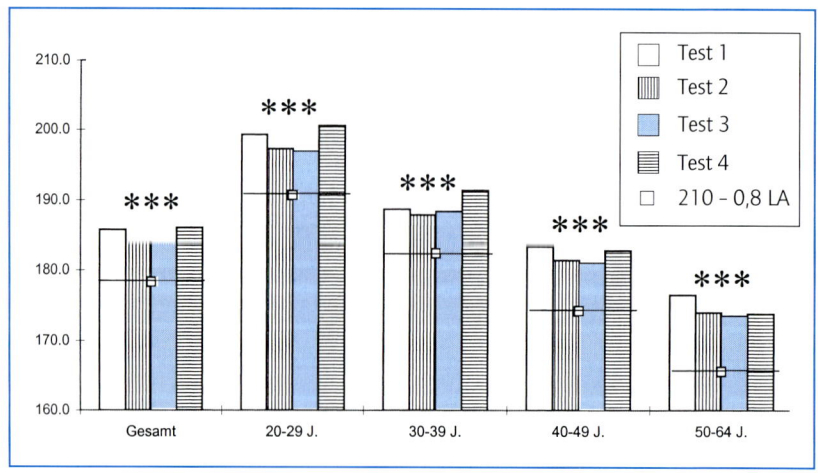

Abb. 66: *Die HF_{max}-Tests 1-4 der Männer im Vergleich zu der Formel 210 – 0.8 Lebensalter = HF_{max} (Signifikanzniveau nach PEARSON *p < 0.05. **p < 0.01. ***p < 0.001)*

NEUMANN et al. (1998) stellen eine Formel auf, bei der die Konstante im Vergleich zu ROST/HOLLMANN von 220 auf 210 und der Einfluss des Alters auf den Faktor 0,8 reduziert wird. Das bedeutet für Läufer bis zum Alter von 50 Jahren niedrigere, für ältere Läufer generell höher errechnete HF$_{max}$-Werte als nach der ROST/HOLLMANN-Formel.

Beim Vergleich der Formel 210 – 0,8 Lebensalter = HF$_{max}$ (NEUMANN et al. 1998) mit den Untersuchungsergebnissen ist zu erkennen, dass die formelmäßig errechneten HF$_{max}$-Werte unter denen der Testergebnisse liegen.

In den Gesamtgruppen und jüngeren Altersklassen (20-29 Jahre; 30-39 Jahre) beider Geschlechter sowie bei den männlichen Altersgruppen 40-49 Jahre und 50-64 Jahre unterscheiden sich die Werte hoch signifikant.

Bei den formelmäßig errechneten HF$_{max}$-Werten der beiden älteren weiblichen Probandengruppen (40-49 Jahre, 50-67 Jahre) werden keine signifikanten Unterschiede zum HF$_{max}$-Test 2 und 3 beobachtet. Die HF$_{max}$-Tests 1 und 4 liegen allerdings signifikant bzw. schwach signifikant über den Ergebnissen der formelmäßigen Bestimmung.

Außerdem ist zu erkennen, dass die Abweichungen mit steigendem Lebensalter geringer werden, was auf den Faktor 0,8 bei der Berücksichtigung des Lebensalters zurückzuführen ist. Das lässt darauf schließen, dass die Konstante zu niedrig gewählt ist.

Ein Training auf der Grundlage der o.g. Formel bedeutet für beide Geschlechter in allen Altersklassen eine Unterforderung und dürfte nicht die beabsichtigten Leistungssteigerungen bewirken.

5.2.6   Vergleich mit der zweiten Formel NEUMANNS

200 – 1/2 Lebensalter = HF_{max} (NEUMANN et al. 1998)

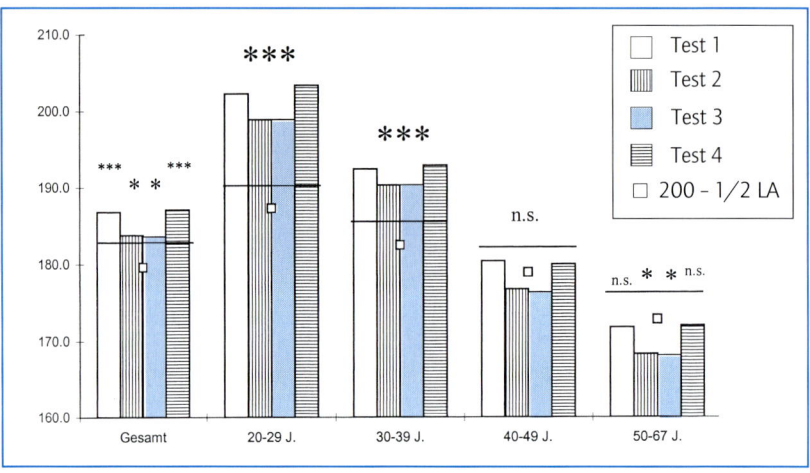

Abb. 67 *Die HF_{max} Tests 1-4 der Frauen im Vergleich zu der Formel 200 – 1/2 Lebensalter = HF_{max} (Signifikanzniveau nach PEARSON *p < 0.05. **p < 0.01. ***p < 0.001)*

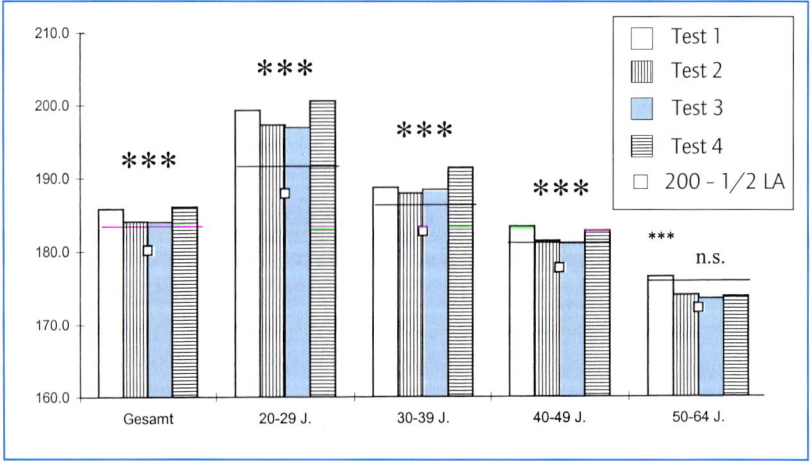

Abb. 68: *Die HF_{max} Tests 1-4 der Männer im Vergleich zu der Formel 200 – 1/2 Lebensalter = HF_{max} (Signifikanzniveau nach PEARSON *p < 0.05. **p < 0.01. ***p < 0.001)*

Die Formel NEUMANNS et al. (1998) versieht – ebenso wie die von GRAF/LAGER-STRØM (1986) – das Lebensalter mit dem Faktor 0,5. Allerdings setzen NEU-MANN et al. eine um den Wert 20 verringerte Konstante voraus, sodass sie das 1/2 Lebensalter von der festen Größe 200 subtrahieren. Bei den 20-29-jährigen Probanden sind Abweichungen von bis zu 13,6 Schl./min bei den Männern sowie 15,5 Schl./min bei den Frauen gegenüber dem HF$_{max}$-Test 4 zu beobachten. Mit fortschreitendem Alter werden die Differenzen zwischen den Ergebnissen des praktischen Tests und der formelmäßigen Errechnung immer geringer, sodass der HF$_{max}$-Test 1 und 4 der 50-67-jährigen Frauen sowie die HF$_{max}$-Tests 2, 3 und 4 der 50-64-jährigen Männer keine signifikanten Unterschiede zur formelmäßigen Er-rechnung aufweisen.

Eine effiziente Trainingsplanung, die auf auf der o.g. Formel aufbaut, dürfte nur für die Läuferinnen ab 40 Jahre und die Läufer ab 50 Jahre möglich sein. Die an-deren jüngeren Altersklassen beider Geschlechter würden eine zu niedrige Trai-ningsintensität von ihrer errechneten HF$_{max}$ ableiten.

Für ein herzfrequenzgesteuertes Lauftraining bei trainierten Läufern beider Ge-schlechter auf der Grundlage einer formelmäßig errechneten HF$_{max}$ kann somit von den in der Literatur genannten Formeln am ehesten auf die auf 226 – Lebens-alter = HF$_{max}$ modifizierte ROST/HOLLMANN-Formel (1982) verwiesen werden. Die Ergebnisse in der vorliegenden Studie bestätigen den überaus starken Einfluss des Alters auf die HF$_{max}$ des Sportlers, wie er von verschiedenen Autoren (s. Kap. 2.3.2) beschrieben wird. Allerdings wird an Hand der vorliegenden Untersu-chungsergebnisse deutlich, dass die Variable *Alter* für den männlichen Läufer nicht unbedingt mit dem Faktor 1,0 – wie bei Läuferinnen – zu berücksichtigen ist.

5.3   Neue Formeln zur Berechnung der HF$_{max}$

In den folgenden Überlegungen geht es um eine noch genauere formelmäßige Festlegung der HF$_{max}$ bei trainierten Läufern, als sie bisher erreicht wurde. Präzisierte Formeln lassen sich durch eine Analyse gewinnen, die sich auf eine Berechnung der in der Statistik üblichen einfachen linearen Regression und der multiplen Regression stützt. Die ausführliche Beschreibung der 515 männlichen und 92 weiblichen Probanden in Kap. 3.1.5 bildet für die Berechnung die Grundlage; demgemäß wird, nach Geschlechtern getrennt, der Einfluss von acht Faktoren – Alter, Ruhepuls, Größe, Gewicht, Trainingsjahre, Kilometerumfang, 10-km-Bestzeit und Trainingseinheiten/Woche – auf die Ergebnisse der HF$_{max}$ Tests 1 und 4 untersucht.

Frauen	12-Minuten-Test (HF$_{max}$-Test 1)	Standardfehler
(Konstante)	226,034	2,294
Alter	– 0,989	0,055
Ausgeschlossene Variablen:		
Ruhepuls	– 0,018	
Gewicht	+ 0,087	
Größe	+ 0,145	
Trainingshäufigkeit	– 0,059	
Trainingsjahre	– 0,018	
Umfang	– 0,004	
10-km-Bestzeit	– 0,126	

Tab. 33: *Einfache lineare Regression beim HF$_{max}$-Test 1 der Frauen unter Berücksichtigung des Alters*

An Hand des Datenmaterials der 92 weiblichen Probanden zwischen 20 und 67 Jahren ergibt die Regressionsanalyse zur Ermittlung der HF$_{max}$ unter Abrundung folgende Formel:

226 – Lebensalter = HF$_{max}$.

Der Standardfehler mit 2,294 für die Konstante sowie 0,055 für die Altersvariable ist äußerst gering. Von den ausgeschlossenen Variablen weist die *Größe* mit 0,145 den höchsten Einfluss auf; die anderen sind zu vernachlässigen. Deshalb wird im Folgenden eine Analyse der multiplen Regression mit den Variablen *Alter* und *Größe* durchgeführt.

Frauen	12-Minuten-Test (HF_{max}-Test 1)	Standardfehler
(Konstante)	172,572	22,339
Alter	– 0,892	0,067
Größe	+ 0,294	0,122
Ausgeschlossene Variablen:		
Ruhepuls	+ 0,009	
Gewicht	– 0,017	
Trainingshäufigkeit	– 0,057	
Trainingsjahre	+ 0,008	
Umfang	+ 0,004	
10-km-Bestzeit	– 0,160	

Tab. 34: *Multiple Regression beim HF_{max}-Test 1 der Frauen unter Berücksichtigung des Alters und der Größe*

Hieraus ergibt sich die Formel:

$$172{,}6 - 0{,}9 \text{ Lebensalter} + 0{,}3 \text{ Größe} = HF_{max}$$

Allerdings wird der Standardfehler für die Konstante bereits mit 22,339 angegeben, sodass eine Errechnung der HF_{max} nach dieser Formel zu ungenau ist. In der zur Herzfrequenz erschienenen Literatur gibt es bisher keine Hinweise auf einen Zusammenhang zwischen Größe und HF_{max}. Lediglich in Sally EDWARDS „Training Guide" (EDWARDS 1996c) wird ein Zusammenhang mit anthropometrischen Daten, nämlich dem Körpergewicht, beobachtet, das in ihren Formeln mit dem Faktor 0,11 berücksichtigt wird (s. Kap. 2.4).

Frauen	Hügel-Wiederholungs-Test (HF_{max}-Test 4)	Standardfehler
(Konstante)	226,553	2,609
Alter	− 0,985	0,063
Ausgeschlossene Variablen:		
Ruhepuls	+ 0,105	
Gewicht	+ 0,069	
Größe	+ 0,033	
Trainingshäufigkeit	− 0,029	
Trainingsjahre	− 0,006	
Umfang	+ 0,015	
10-km-Bestzeit	+ 0,075	

Tab. 35: *Einfache lineare Regression beim HF$_{max}$-Test 4 der Frauen unter Berücksichtigung des Alters*

Eine Regressionsanalyse der weiblichen Probandendaten zum Hügel-Wiederholungs-Test (HF_{max}-Test 4) zeigt ein ähnliches Ergebnis wie beim 12-Minuten-Test (HF_{max}-Test 1). Bei einem Standardfehler der Konstanten von 2,609 ergibt sich:

$$226,6 − \text{Lebensalter} = HF_{max}.$$

Die anderen sieben Variablen, von denen der Ruhepuls mit 0,105 noch den größten Einfluss hat, können vernachlässigt werden.

Männer	12-Minuten-Test (HF_{max}-Test 1)	Standardfehler
(Konstante)	223,420	1,329
Alter	– 0,915	0,032
Ausgeschlossene Variablen:		
Ruhepuls	+ 0,164	
Gewicht	+ 0,077	
Größe	+ 0,091	
10-km-Bestzeit	+ 0,038	
km-Umfang	– 0,019	
Trainingsjahre	– 0,004	
Training/Woche	– 0,014	

Tab. 36: *Einfache lineare Regression beim HF_{max}-Test 1 der Männer unter Berücksichtigung des Alters*

Die Regressionsanalyse der männlichen Probanden zum HF_{max}-Test 1 ergibt bei Berücksichtigung des Alters folgende Formel:

$$223 - 0,9 \text{ Lebensalter} = HF_{max}.$$

Da der Einfluss des Ruhepulses mit 0,164 beobachtet wird, werden in der folgenden multiplen Regressionsanalyse *Alter* und *Ruhepuls* berücksichtigt.

Männer	12-Minuten-Test (HF_{max}-Test)[1]	Standardfehler
(Konstante)	209,592	2,578
Alter	– 0,932	0,031
Ruhepuls	+ 0,279	0,045
Ausgeschlossene Variablen:		
Gewicht	+ 0,060	
Größe	+ 0,088	
10-km-Bestzeit	– 0,013	
km-Umfang	+ 0,043	
Trainingsjahre	+ 0,021	
Training/Woche	– 0,038	

Tab. 37: *Multiple Regression beim HF_{max}-Test 1 der Männer unter Berücksichtigung des Alters und des Ruhepulses*

Von der Konstanten 209,6 wird das Lebensalter mit dem Faktor 0,9 subtrahiert und der Ruhepuls mit dem Faktor 0,28 wieder addiert. Als Formel ergibt sich hieraus:

210 – 0,9 Lebensalter + 0,28 Ruhepuls = HF_{max}.

Eine um 20 Schl./min verminderte HF_{Ruhe} würde somit die HF_{max} um etwa 6 Schl./min absenken. Diese Beobachtung unterstützt ISRAELS (1982) Auffassung, der sowohl eine reduzierte HF_{Ruhe} als auch HF_{max} in Abhängigkeit von der Sportherzbildung nachweist. Über die einfach zu messende HF_{Ruhe} kann so indirekt eine Veränderung der HF_{max} festgestellt werden.

	Hügel-Wiederholungs-Test $(HF_{max}\text{-Test } 4)$	Standardfehler
(Konstante)	215,969	1,515
Alter	– 0,740	0,036
Ausgeschlossene Variablen:		
Ruhepuls	+ 0,271	
Größe	+ 0,104	
Gewicht	+ 0,072	
10-km-Bestzeit	+ 0,137	
km-Umfang	– 0,154	
Trainingsjahre	– 0,073	
Training/Woche	– 0,102	

Tab. 38: *Einfache lineare Regression beim HF_{max}-Test 4 der Männer unter Berücksichtigung des Alters*

Die Regressionsanalyse der männlichen Probandendaten zum HF_{max}-Test 4 zeigt eine im Vergleich zu den vorherigen Analysen deutlich niedrigere Konstante, nämlich 215,969, von der auch das Lebensalter mit einem verkleinerten Faktor von 0,74 subtrahiert wird. Die Formel lautet somit:

$$216 - 3/4 \text{ Lebensalter} = HF_{max}.$$

Der Faktor *Ruhepuls* zeigt unter den ausgeschlossenen Variablen den relativ größten Einfluss; deshalb wird er in die folgende multiple Regressionsanalyse mit einbezogen.

Männer	Hügel-Wiederholungs-Test (HF$_{max}$-Test 4)	Standardfehler
(Konstante)	194,207	2,837
Alter	– 0,767	0,034
Ruhepuls	+ 0,440	0,050
Ausgeschlossene Variablen:		
Größe	+ 0,098	
Gewicht	+ 0,044	
10-km-Bestzeit	+ 0,059	
km-Umfang	– 0,066	
Trainingsjahre	– 0,034	
Training/Woche	– 0,024	

Tab. 39: *Multiple Regression beim HF$_{max}$-Test 4 der Männer unter Berücksichtigung des Alters und des Ruhepulses*

Von der Konstanten 194,207 wird – bei einem Standardfehler von nur 2,837 – das Lebensalter mit dem Koeffezienten 0,767 abgezogen und der Ruhepuls mit dem koeffizienten 0,44 wieder addiert. Es ergibt sich die Formel:

194 – 3/4 Lebensalter + 0,44 Ruhepuls = HF$_{max}$.

Frauen	
$226 - \text{Lebensalter} = HF_{max}$	HF_{max}-Test 1
$172{,}6 - 0{,}9\ \text{Lebensalter} + 0{,}3\ \text{Größe} = HF_{max}$	HF_{max}-Test 1
$226{,}6 - \text{Lebensalter} = HF_{max}$	HF_{max}-Test 4
Männer	
$223 - 0.9\ \text{Lebensalter} = HF_{max}$	HF_{max}-Test 1
$209{,}6 - 0{,}9\ \text{Lebensalter} + 0{,}28\ \text{Ruhepuls} = HF_{max}$	HF_{max}-Test 1
$216 - 3/4\ \text{Lebensalter} = HF_{max}$	HF_{max}-Test 4
$194 - 3/4\ \text{Lebensalter} + 0{,}44\ \text{Ruhepuls} = HF_{max}$	HF_{max}-Test 4

Tab. 40: *Neue bzw. bestätigte Formeln zur Errechnung der HF_{max}*

Die durchgeführten Regressionsanalysen beweisen, dass das Alter der mit Abstand wichtigste Faktor zur formelmäßigen Errechnung der HF_{max} ist. Bei den Frauen ergibt sich bei der Analyse sowohl mit den Ergebnissen des HF_{max}-Tests 1 als auch 4 eine Konstante von 226, von der das Lebensalter mit dem Koeffizienten 1 subtrahiert wird. Das entspricht exakt den Beobachtungen von PETERS/STEMPER (1996) und HILLS et al. (1998), die diese Formel speziell für die Belange von Läuferinnen angeben. Die *Urformel* (ROST/HOLLMANN 1982) modifiziert sich für weibliche Läufer, weil die Konstante um 6 auf 226 erhöht wird.

Bei der männlichen Probandengruppe wird die Konstante 220 ROST/HOLLMANN (1982) entweder um 3 erhöht (HF_{max}-Test 1) oder um 4 reduziert (HF_{max}-Test 4); allerdings wird das Lebensalter nun mit einem Faktor < 1 subtrahiert. Von der höheren Konstante 223 wird das Lebensalter mit einem Koeffizienten 0,9 und von der niedrigeren Konstante mit einem Koeffizienten 0,75 abgezogen.

Die folgende Abbildung, die exemplarisch am Beispiel der männlichen Probanden die Berechnung der einfachen linearen Regression unter Berücksichtigung des Alters geometrisch darstellt, zeigt noch einmal den Zusammenhang zwischen dem Lebensalter und der HF_{max}: Es ist deutlich zu erkennen, wie mit steigendem Alter die HF_{max} (Test 4) der männlichen Probanden linear abnimmt.

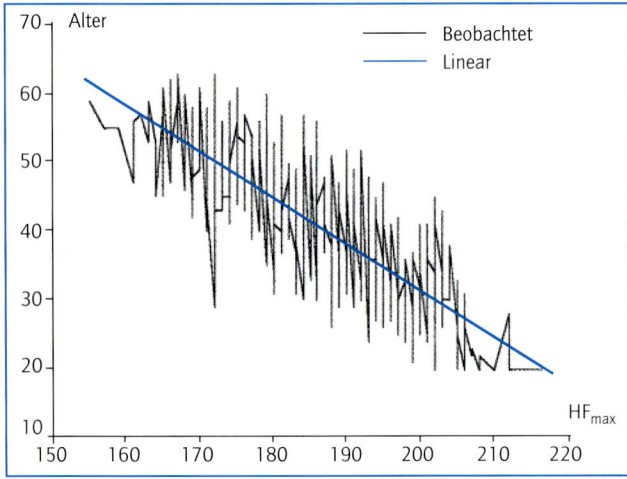

Abb. 69:
Lineares Verhalten zwischen Alter und HF$_{max}$ der männlichen Probandengruppe

Während der Einfluss der Variablen *Größe, Gewicht, Trainingsumfang, Trainingsjahre, 10-km-Bestzeit, Training/Woche* auf die HF$_{max}$ verneint werden muss, kann die Variable *Ruhepuls* durchaus entweder mit dem Faktor 0,28 (HF$_{max}$-Test 1) oder sogar 0,44 (HF$_{max}$-Test 4) beobachtet werden. Eigenartigerweise ist ihr Einfluss nur in den Regressionsanalysen der männlichen Probandendaten (HF$_{max}$-Test 1 und 4) effizient. Das bedeutet, dass eine Veränderung der HF$_{Ruhe}$ sich auf jeden Fall auf die HF$_{max}$ auswirkt. Sinkt infolge eines Trainingseffekts die HF$_{Ruhe}$ beispielsweise um 12 Schl./min, vermindert sich die erreichbare HF$_{max}$ um 5 Schl./min (HF$_{max}$-Test 4). Bei einem Anstieg der HF$_{Ruhe}$ ergibt sich der umgekehrte Effekt, nämlich eine Erhöhung der HF$_{max}$. Das bestätigt die Beobachtungen (s. Kap. 2.2.1) von ISRAEL (1982) und HOTTENROTT (1993a), die bei einem verbesserten Trainingszustand eine reduzierte HF$_{Ruhe}$ und eine verminderte HF$_{max}$ feststellten. Auf diese Weise werden die Auswirkungen eines Ausdauertrainings auf die HF$_{max}$ indirekt über die einfach messbare Veränderung der HF$_{Ruhe}$ berücksichtigt. Dies steht im Widerspruch zur expliziten Aussage von ROST (1990), dass die HF$_{max}$ nicht trainingsabhängig sei. Die o.g. Erkenntnisse werden aber gestützt durch die Untersuchungen von NEUFER (1989) und HOUMARD et al. (1992), die nach einer mehrwöchigen Trainingspause bei Langläufern eine höhere HF$_{max}$ diagnostizierten als während der Trainingsphase.

Während ISRAEL (1982) mit steigendem Leistungsniveau bei Rennradfahrern (s. Kap. 2.3.1) eine deutlich niedrigere HF$_{max}$ feststellte, muss in der vorliegenden Untersuchung der Einfluss einer Veränderung der 10-km-Bestzeit auf die HF$_{max}$ verneint werden.

In der Literatur ist die Meinung über eine geschlechterspezifisch differierende HF_{max} geteilt. Der Ansicht von ROST/HOLLMANN (1982), dass die HF_{max} nicht geschlechtsabhängig sei, haben sich unter anderem LAGERSTRØM/GRAF (1986), BOECKH-BEHRENS/BUSKIES (1995) und NEUMANN et al. (1998) angeschlossen. Andere Autoren wie EDWARDS (1996c), PETERS/STEMPER (1996) und HILLS et al. (1998) berichten über eine höhere HF_{max} bei Läuferinnen. Wie die Ergebnisse der einfachen linearen Regression verdeutlichen, sinkt die HF_{max} bei den Männern (Koeffizient 0,9 bzw. 0,75) mit fortschreitendem Alter nicht so stark wie bei den Frauen (Koeffizient 1).

Allerdings sollte hierbei folgender Aspekt berücksichtigt werden: Da die HF_{max} im Zustand der intensiven Ausbelastung erreicht wird, die von der Motivation des einzelnen Sportlers abhängt (ISRAEL 1982, 66), stellt sich die Frage nach einem geschlechtsspezifischen Leistungswillen. Bei Volkslaufveranstaltungen ist häufig zu beobachten, dass männliche Teilnehmer, insbesondere Altersklassensportler, beim Endspurt über sich hinauswachsen, während Altersklassenläuferinnen ihren Wettkampf meistens in einer gleichmäßigen Geschwindigkeit ohne Temposteigerung am Ende der Strecke absolvieren. Wenn die nahe liegende Annahme zutrifft, dass die älteren weiblichen Probanden dieses Verhalten auch bei der Durchführung der vier HF_{max}-Tests gezeigt haben, könnte der Grund für eine niedrigere gemessene HF_{max} in einer geringeren individuellen Ausbelastung liegen.

Vielleicht ist die Vermutung erlaubt, dass die Angaben von EDWARDS (1996c), PETERS/STEMPER (1996) und HILLS et al. (1998) durch Untersuchungen an höher motivierten Frauengruppen gewonnen wurden. Leider geben diese Autoren keine Auskunft über die Größe ihrer Probandengruppen sowie den Leistungsstand usw. ISRAEL (1982, 66) sieht „bei größeren Gruppen von Sportlern ein Durchschnittsverhalten, so daß größere Gruppen durchaus miteinander vergleichbar werden".

Im Zusammenhang mit der Frage, wie sich der Einfluss der HF_{Ruhe} auf die HF_{max} auswirkt, sollte nicht unerwähnt bleiben, dass die chronotrope Kapazität bei den Männern in dieser Studie deutlich höher liegt als bei den Frauen. Die nachfolgende Tabelle zeigt bei den männlichen Probanden sowohl eine höhere absolute als auch relative Steigerungsfähigkeit der Herzfrequenz vom Ruhezustand bis zum Maximum als bei den Frauen. Obwohl die durchschnittliche HF_{max} der Männer unter der der Frauen liegt, ist auf Grund der niedrigeren HF_{Ruhe} der Männer (Kap. 3.1.5) eine höhere prozentuale Steigerungsfähigkeit der Herzfrequenz festzustellen. Dies stimmt mit den Ergebnissen ISRAELS (1982) überein, der bei verminderter HF_{Ruhe} bzw. größer werdendem Herzvolumen einen höheren prozentualen Anstieg der Herzfrequenz beobachtet.

	HF_{Ruhe} (Schl./min)	HF_{max} (Schl./min)	Absolute Steigerung	Prozentuale Steigerung
Frauen Gesamt	62,0	187,1	+ 125,1	301,8%
Männer Gesamt	52,0	186,1	+ 134,1	357,9%
F. 20 – 29 J.	59,6	203,4	+ 143,8	341,3%
M. 20 – 29 J.	53,0	200,6	+ 147,6	378,0%
F. 30 – 39 J	58,5	192,9	+ 134,4	329,7%
M. 30 – 39 J.	50,2	191,4	+ 141,2	381,3%
F. 40 – 49 J.	62,8	180,0	+ 127,2	286,6%
M. 40 – 49 J.	52,6	182,8	+ 130,2	347,5%
F. 50 – 67 J.	66,5	172,0	+ 105,5	258,6%
M. 50 – 64 J.	53,3	173,8	+ 120,5	326,1%

Tab. 41: *Chronotrope Kapazität der Probanden*

6 Schlussfolgerungen

Aus sportmedizinischer, trainingswissenschaftlicher und sportpädagogischer Sicht erscheint es wünschenswert, dem Langläufer mithilfe der Herzfrequenzsteuerung ein sinnvolles und effektives Training zu ermöglichen und ihn auch vor eventuellen Überbelastungen zu schützen. Ein herzfrequenzgesteuertes Training sollte mithilfe eines – nach Möglichkeit EKG-genauen – Herzfrequenzmessgeräts durchgeführt werden, da bei einer palpatorischen Messung die Einhaltung vorgegebener Herzfrequenzen schwierig ist und ihre Bestimmung Bewegungsunterbrechungen erfordert (BUSKIES/BOECKH-BEHRENS 1995).

Eine Vielzahl von gesundheits- und leistungsorientierten Langstreckenläufern absolviert ihre Trainingseinheiten in Herzfrequenzbereichen, die prozentual von einer formelmäßig errechneten HF_{max} (ROST/HOLLMANN 1982; LAGERSTRØM/ GRAF 1986; EDWARDS 1996a; HILLS 1998 et al.; NEUMANN et al. 1998) bestimmt werden.

Da die Formeln untereinander äußerst stark divergieren, stellt sich die Frage, ob und wenn ja, welche der Formeln eine zuverlässige Grundlage für ein herzfrequenzgesteuertes Training bei gut trainierten Langläufern bieten kann. Die HF_{max} ist, wie in der Literaturübersicht dargestellt, von verschiedenen Faktoren, unter anderem auch Trainingseffekten, beeinflussbar. Trotzdem berücksichtigen die o.g. Formeln lediglich den Faktor *Alter*, der von einer Konstanten subtrahiert wird.

Die Ergebnisse der vorliegenden Untersuchung belegen, dass die *Urformel* 220 – Lebensalter = HF_{max} (ROST/HOLLMANN 1982) ebenso wie die beiden rezenten Formeln von NEUMANN et al. (1998): 200 – 1/2 Lebensalter = HF_{max} bzw. 210 – 0,8 Lebensalter = HF_{max} für den trainierten Langläufer einen zu niedrigen Ausgangswert ergeben, von dem prozentual die Herzfrequenzintervalle zur Trainingssteuerung abgeleitet werden. Eine Orientierung an den o.g. Formeln kann durchaus der Gesundheit dienen, indem so ein zu schnelles Trainingstempo verhindert wird. Fraglich ist aber, ob dann die Intensität der Trainingsreize in einem angemessenen Verhältnis zur gewünschten Leistungsverbesserung steht.

Was hingegen eine Orientierung an der Formel 220 – 1/2 Lebensalter = HF_{max} (LAGERSTRØM/GRAF 1986; BUSKIES/BOECKH-BEHRENS 1995) betrifft, so birgt ein Lauftraining auf dieser Grundlage die Gefahr einer ständigen Überforderung, weil durch zu hohe Herzfrequenzvorgaben zu schnell gelaufen wird.

Nachweislich besitzen Frauen im Vergleich zu gleichaltrigen Männern unter anderem aufgrund eines kleineren Herzens eine höhere HF_{Ruhe}. Ebenso wird auch in jüngeren Jahren eine höhere HF_{max} bei den Frauen als bei den Männern festgestellt; im fortgeschrittenen Alter lässt sich eine höhere HF_{max} bei den Männern als bei den Frauen beobachten. Obwohl viele Autoren (HOLLMANN, ROST usw.) eine in Abhängigkeit vom Alter unterschiedliche HF_{max} bei beiden Geschlechtern beobachten (ROST et al. 1991, 31), wird dieser Sachverhalt in ihren o.g. Formeln nicht berücksichtigt. PETERS/STEMPER (1996) und HILLS et al. (1998) modifizieren für Frauen – durch eine Erhöhung der Konstanten um 6 - die ROST/HOLLMANN-Formel auf 226 – Lebensalter = HF_{max}, während sie für Männer an der *Urformel* festhalten. Die Gültigkeit der Formel für Frauen kann an Hand der weiblichen Probandendaten bestätigt werden. Die Ergebnisse des Hügel-Wiederholungs-Tests (HF_{max}-Test 4) der männlichen Gesamtgruppe als auch der männlichen Altersklassen weisen keine signifikanten Unterschiede zu der für Frauen modifizierten ROST/HOLLMANN-Formel auf. Über eine Regressionsanalyse wird die Formel 226 – Lebensalter = HF_{max} für trainierte Frauen ab 20 Jahre exakt bestätigt, während für trainierte Männer ab 20 Jahre die mathematische Errechnung der HF_{max}, leicht modifiziert, folgendermaßen lautet: 223 – 0,9 Lebensalter = HF_{max}. Das bedeutet, dass, statistisch gesehen, trainierte Männer ab dem 30. Lebensjahr eine höhere HF_{max} als trainierte Frauen erreichen können und diese Differenz mit dem Alter weiter zunimmt.

Inwieweit die zuletzt genannte Formel auch auf den Laufanfänger oder nicht so weit fortgeschrittenen Läufer übertragen werden kann, lässt sich mit dem Probandengut dieser Untersuchung nicht entscheiden. Hierzu wäre eine Studie mit einer größeren Zahl von Laufanfängern erforderlich. Es kann vermutet werden, dass die durchschnittliche HF_{max} einer solchen Population über den Werten der gut trainierten Läufer dieser Untersuchung liegen müsste, da mehrere Studien (ISRAEL 1982; HOTTENROTT 1993a; NEUMANN et al. 1998) über eine reduzierte HF_{max} nach einem kontinuierlichen Training bzw. nach einer Verbesserung der Leistungsfähigkeit berichten.

Das bedeutet, dass eine Formel zur Berechnung der HF_{max} immer nur für eine bestimmte Population unserer Gesellschaft zur Jahrhundertwende gültig sein kann. Somit können auch die vor mehr als 30 Jahren vorgenommenen Untersuchungen von HOLLMANN (1963) an einer Gruppe untrainierter Probanden auf dem Fahrradergometer nur sehr bedingt auf den Langläufer von heute übertragen werden. Verschiedene Autoren (ROST et al. 1991; NEUMANN et al. 1993; BOECKH-BEHRENS/BUSKIES 1995; HOTTENROTT 1995b) heben die niedrigere HF_{max} auf dem Fahrradergometer gegenüber dem Laufen hervor. Dies lässt vermuten, dass die

Probanden HOLLMANNS durchaus höhere HF_{max}-Werte erreicht hätten, wenn sie sich bei einem Lauftest maximal verausgabt hätten.

Dazu kommt, dass die gegenwärtige Gesellschaft wegen der tief greifenden Veränderung der Umweltbedingungen, der Lebensgewohnheiten, des Ernährungsverhaltens, der Vielfalt des Freizeitsportangebots usw. nur schwer mit der Gesellschaft vor einigen Jahrzehnten verglichen werden kann. Hieraus ergibt sich die Notwendigkeit, heute Herzfrequenzformeln zu entwickeln, die jeweils für einzelne Populationen entsprechend den bei ihnen herrschenden unterschiedlichen Voraussetzungen gelten und deren Validität in angemessenen Zeitabständen zu überprüfen ist.

Die folgende Tabelle zeigt, wie die Steuerung der Trainingsintensität im Falle von trainierten Langläufern bei der Orientierung an fünf gängigen Formeln zur Errechnung der HF_{max} jeweils zu bewerten ist.

Herzfrequenzformel	Sportler	Alter	Trainingsintensität durch Herzfrequenzsteuerung
220 – Lebensalter = HF_{max} (ROST/HOLLMANN 1982)	Männer/Frauen trainiert	ab 20 Jahre	zu niedrig
220 – 1/2 Lebensalter = HF_{max} (LAGERSTRØM/GRAF 1986)	Männer/Frauen trainiert	ab 20 Jahre	zu hoch
226 – Lebensalter = HF_{max} (PETERS/STEMPER 1996; HILLS et al. 1998)	Männer/Frauen trainiert	ab 20 Jahre	angemessen
210 – 0,8 Lebensalter = HF_{max} (NEUMANN 1998 et al.)	Männer/Frauen trainiert	ab 20 Jahre	zu niedrig
200 – 1/2 Lebensalter = HF_{max} (NEUMANN et al. 1998)	Männer/Frauen trainiert	ab 20 Jahre	zu niedrig

Tab. 42: *Steuerung der Trainingsintensität nach ausgewählten Herzfrequenzformeln*

Wie oben gezeigt, stimmt die Formel 226 – Lebensalter = HF_{max} mit den durch die HF_{max}-Tests 1, 2, 3 und 4 ermittelten Gesamtfrauenwerten bzw. Tests 1, 2 und 4 bei den Gesamtmännerwerten signifikant überein. Prima facie bedeutet dies, dass der trainierte Läufer die nach dieser Formel errechnete HF_{max} für sein herzfrequenzgesteuertes Lauftraining einsetzen kann. Allerdings wird bei den HF_{max}-Tests 1-4 eine Streuung von bis zu 10 Schl./min beobachtet, sodass die Differenz der HF_{max} bei zwei gleichaltrigen Langläufern 20 Schl./min betragen kann. Mit dieser Differenz darf sich ein herzfrequenzorientierter Langläufer im Hinblick auf sein Training nicht zufrieden geben (s. Kap. 2.11). Außerdem werden in der Formel keine intraindividuellen Veränderungen durch Training, Lebensweise, äußere Einflüsse usw. berücksichtigt. Hieraus ergibt sich die Forderung, dass der Langläufer für ein effizientes, herzfrequenzgesteuertes Training seine HF_{max} regelmäßig in einem praktischen Ausbelastungstest ermitteln sollte.

Das Problem gegenüber der formelmäßig errechneten HF_{max} liegt bei einem HF_{max}-Test in der subjektiven Ausbelastung. Sie ist letztlich von der Motivation des Läufers abhängig, d.h., er sollte sich nur dann einem Ausbelastungstest unterziehen, wenn er nicht nur physisch fähig, sondern auch psychisch bereit ist, an seine Leistungsgrenze zu gehen. Dabei ist zu berücksichtigen, dass zwischen den Ergebnissen der einzelnen HF_{max}-Tests größere individuelle Abweichungen auftreten können. Deshalb ist es für den Langläufer wichtig zu wissen, mit welchem HF_{max}-Test er den höchsten Wert erreicht. Es erscheint sinnvoll, die Tests zur Ermittlung der HF_{max} in regelmäßigen Abständen zu wiederholen, um bei der Errechnung der Trainingsintensitäten eine Veränderung gegebenenfalls umgehend berücksichtigen zu können.

Die folgende Tabelle benennt auf der Grundlage der Ergebnisse der vier praktischen Ausbelastungstests die Testverfahren, die – differenziert nach Geschlecht und Alter – zur Ermittlung der HF_{max} bei trainierten Langläufern geeignet sind.

Die Tabelle verdeutlicht, dass zwei HF_{max}-Tests fast ausnahmslos – mit jeweils nur einer kleinen Einschränkung – für trainierte Läufer jeder Altersgruppe beider Geschlechter eine optimale Möglichkeit darstellen, die individuelle HF_{max} für die Trainingssteuerung zu ermitteln:

1. Der 12-Minuten-Test (HF_{max}-Test 1) mit Ausnahme der männlichen Altersgruppe 30-39 Jahre, die den Hügel-Wiederholungs-Test (HF_{max}-Test 4) einsetzen sollte.
2. Der Hügel-Wiederholungs-Test (HF_{max}-Test 4) mit Ausnahme der männlichen Altersklasse 50-64 Jahre, die den 12-Minuten-Test (HF_{max}-Test 1) einsetzen sollte.

	HF_{max}-Test 1 (12 min)	HF_{max}-Test 2 (800 m)	HF_{max}-Test 3 (1.600 m)	HF_{max}-Test 4 (Hügel)
Gruppe:	geeignet:			
Frauen (20 – 29 Jahre)	Ja	Nein	Nein	Ja
Frauen (30 – 39 Jahre)	Ja	Ja	Ja	Ja
Frauen (40 – 49 Jahre)	Ja	Ja	Ja	Ja
Frauen (50 – 67 Jahre)	Ja	Ja	Ja	Ja
Männer (20 – 29 Jahre)	Ja	Nein	Nein	Ja
Männer (30 – 39 Jahre)	Nein	Nein	Nein	Ja
Männer (40 – 49 Jahre)	Ja	Ja	Nein	Ja
Männer (50 – 64 Jahre)	Ja	Nein	Nein	Nein

Tab. 43: *Empfehlung ausgewählter HF_{max}-Tests für trainierte Läufer, differenziert nach Geschlecht und Alter*

7 Literaturverzeichnis

ABEL, H.-H./KRAUSE, R./BERGER, R./KLÜßENDORF, D./DROH, R./KOEPCHEN, H. P.: Längsschnittstudie der Beziehung zwischen chronotroper Herzkontrolle und körperlicher Leistungsfähigkeit. In: BERNETT, P./JESCHKE, D. (Hrsg.): Sport und Medizin – Pro und Contra. München 1991, 560-562.

ANDREAS, A.: Herzfrequenz im Leistungssport. In: Spiridon 24 (1998a) 12, 14-15.

ANDREAS, A: Der Crescendo-Lauf zur Ermittlung der maximalen Herzfrequenz. Persönl. Mitt. Andreas, Herzfrequenz-Symposium Köln, November 1998b.

ANTONI, H.: Funktionen des Herzens. In: SCHMIDT, R. F./THEWS, G. (Hrsg.): Physiologie des Menschen. 23. Aufl. Berlin-Heidelberg-New York 1987, 461-504.

ARMSTRONG, N.: Young People's Physical Activity Patterns as Assessed by Heart Rate Monitoring. In: Journal of Sports Science 16 (1998) Special Issue, 9-16.

ASTRAND/RODAHL: Aus: Israel 1982 (1970)

BAUM, K. V.: Trainings-Pulsfrequenz: 170 minus Lebensalter. In: Sportarzt und Sportmedizin 22 (1971) 1, 20.

BEUKER, F.: Zur Herzfrequenzmessung in der DDR in den sechziger Jahren. Persönl. Mitt. BEUKER, Meerbusch 1998.

BERGMANN, R.: Über die Herzgröße freilebender und domestizierter Tiere. Inaugural Dissertation, München 1884.

BLAIR, S. N./WIE, M./LEE, C. D.: Cardiorespiratory Fitness Determined by Exercise Heart Rate as a Predictor of Mortality in the Aerobics Center Longitudinal Study. In: Journal of Sports Science 16 (1998) Special Issue, 47-55.

BLÖDORN, M./SCHMIDT, P.: Trablaufen. Reinbek bei Hamburg 1986.

BOECKH-BEHRENS, W.-U./BUSKIES, W.: Gesundheitsorientiertes Fitnesstraining. Band 3 (Hrsg.: Dr. Loges + Co. GmbH, Winsen) Lüneburg 1995.

BÖS, K.: Statistikkurs I. Ahrensburg 1986.

BÖS, K./SCHOTT, N.: Belastungsparameter beim Walking. In: Deutsche Zeitschrift für Sportmedizin 48 (1997) 4, 145-153.

BÖS, K.: Der Walking-Test. In: Condition (1998) 1, 16-18.

BORSKY, I./HUBACOVA, L./STRELKA, F./VLADAR, M.: Variabilität der Reaktionen der Herzschlagfrequenz auf physische Belastung. In: Medizin und Sport 19 (1978) 4, 106-109.

BUENO, M.: Die anaerobe Schwelle – Von der Euphorie zur Vertrauenskrise. In: Leistungssport 20 (1990) 1, 13-17.

BUNC, V./HOFMAN, P./LEITNER, H./GAISL, G.: Verification of the Heart Rate Threshold. In: European Journal of Applied Physiology. 70 (1995) 3, 263-269.

BROUSTET, J.-P.: Sportkardiologie. Stuttgart 1980.

BURKE, E. R.: Precision Heart Rate Training. For Maximum Fitness and Performance. USA 1998.

BUSCHMANN, J.: Ausdauertraining für Kinder. Aachen 1986.

BUSKIES, W./KLÄGER G./RIEDEL, H.: Möglichkeiten zur Steuerung der Belastungsintensität für ein breitensportlich orientiertes Laufausdauertraining. In: Deutsche Zeitschrift für Sportmedizin 43 (1992) 6, 248-260.

BUSKIES, W./LIESNER, K./ZIESCHANG, K.: Zur Problematik der Steuerung der Belastungsintensität beim Dauerlauf älterer Männer. In: Deutsche Zeitschrift für Sportmedizin 44 (1993) 12, 568-573.

BUSKIES, W./BOECKH-BEHRENS, W.-U.: Gesundheitsorientiertes Fitnesstraining. Band 2 (Hrsg.: Dr. Loges + Co. GmbH, Winsen) Lüneburg 1995.

BUSSE, M. W./MAASSEN, N./BÖING, D.: Die Laktatleistungskurve – Kriterium der aeroben Kapazität oder Indiz für das Muskelglykogen? I. Glykogenverarmung. In: RIEKERT, H. (Hrsg.): Sportmedizin – Kursbestimmung. Berlin 1987, 455-467.

BUSSE, M. W./MAASSEN, N./BRAUMANN, M./KÖNIG, T.: Neuorientierung in der Laktatdiagnostik: Laktat als Glykogenindikator. In: Leistungssport 22 (1987) 5, 33-37.

CASTELLA DE, R.: Laufen, mein Leben. Aachen 1986

COE, S./MILLER, D.: Running Free. Aachen 1988.

COEN, B./URHAUSEN, A./SCHWARZ, L./KINDERMANN, W.: Trainingssteuerung ausgewählter Tempolaufprogramme im Mittel- und Langstreckenlauf. In: Deutsche Zeitschrift für Sportmedizin 42 (1991) Sonderheft, 492-498.

COEN, B.: Individuelle anaerobe Schwelle. Köln 1997.

CONCONI, F./FERRARI, M./ZIGLIO, P. G./DROGHETTI, P./CODECA, L.: Determination of the Anaerobic Threshold by a Noninvasive Field Test in Runners. In: Journal of Applied Physiology 52 (1982) 4, 869-873.

DANIELS, J. T./YARBROUGH, R. A./FOSTER, C.: Changes in VO_{2max} and Running Performance with Training. In: European Journal of Applied Physiology 39 (1978), 249-254.

DE MAREES, H.: Sportphysiologie 3. Aufl. Köln-Mülheim 1981.

DENNIS, S. C./NOAKES, T. D.: Physiological and Metabolic Responses to Increasing Work Rates: Relevance for Exercise Prescription. In: Journal of Sports Science 16 (1998) Special Issue, 77-84.

DER KLEINE PAULY. Bd. 2. München 1979.

DER KLEINE PAULY. Bd. 4. München 1979.

DICKHUTH, H.-H./SIMON, S./AUFENANGER, W./BERG, A./SCHMIDT, P./KEUL, J.: Einfluß einer dreitägigen Kohlenhydratdiät auf den Stoffwechsel und die Leistungsfähigkeit bei hochtrainierten Marathonläufern nach vorausgegangenem Erschöpfungslauf. In: JESCHKE, D. (Hrsg.): Stellenwert der Sportmedizin in Medizin und Sportwissenschaft. Springer, Berlin-Heidelberg 1984, 638.

DICKHUTH, H.-H./WOHLFAHRT, B./HILDEBRAND, D./ROKITZKI, L./HUONKER, M./KEUL, J.: Jahreszyklische Schwankungen der Ausdauerleistungsfähigkeit von hochtrainierten Mittelstreckenläufer. In: Deutsche Zeitschrift für Sportmedizin 39 (1988) 9, 346-353.

DICKHUTH, H.-H./AUFENANGER, W./SCHMIDT, P./SIMON, G./HUONKER, M./KEUL, J.: Möglichkeiten und Grenzen der Leistungsdiagnostik und Trainingssteuerung im Mittel- und Langstreckenlauf. In: Leistungssport 19 (1989) 4, 21-24.

DICKHUTH, H.-H./HEITKAMP, H.-C./STÖTZER, T./HORSTMANN, T./MAYER, F./HAASIS, R.: Körperliche Aktivität und Herzfrequenzadaptation. In: BER-NETT, P./JESCHKE, D. (Hrsg.): Sport und Medizin – Pro und Contra. München 1991, 556-559.

DICKHUTH, H.-H./RÖCKER, K./MAYER, F./NIEß, A./HORSTMANN, T./HEIT-KAMP, H. C./DOLEZEL, P.: Bedeutung der Leistungsdiagnostik und Trainings-steuerung bei Ausdauer- und Spielsportarten. In: Deutsche Zeitschrift für Sport-medizin 47 (1996) Sonderheft, 183-189.

DIEPGEN, P.: Geschichte der Medizin. Bd. I u. II. Berlin 1949.

DSB: Trimming 130. Frankfurt a. M. 1983.

DWYER, J./BYBEE, R.: Heart Rate Indices of the Anaerobic Treshold. In: Medicine and Science in Sports and Exercise 16 (1983) 1, 72-76.

EDWARDS, S.: Heart Zone Training. Holbrook 1996a.

EDWARDS, S.: Leitfaden zur Trainingskontrolle. Aachen 1996b.

EDWARDS, S.: Sally Edwards Training Guide. 1996c.

EKBLOM, P./HERMANNSEN, L.: Cardiac Output in Athletes. In: Journal of Applied Physiology 25 (1968) 2, 619.

FAY, L./LONDEREE, B. R./LAFONTAINE, T. P./VOLEK, M. R.: Physiological Param-eters Related to Distance Running Performance in Female Athletes. In: Med. Sci. Sports Exerc. 21 (1989) 3, 319-324.

FIX, J. F.: Das komplette Buch vom Laufen. Frankfurt am Main 1983.

FRANCIS, K. T./McCLATCHEY, P. R./SUMSION, J. R./HANSEN, D. E.: The Rela-tionship between Anaerobic Treshold and Heart Rate Linearity during Cycle Er-gometry. In: European Jouranl of Applied Physiology 59 (1989) 4, 273-277.

FREY, G.: Zur Terminologie und Struktur physischer Leistungsfaktoren und motori-scher Fahigkeiten. In: Leistungssport 7 (1977) 5, 339-362.

FUCHS, U./Reiß, M.: Höhentraining. Münster 1990.

GAISL; G.: Der aerob-anaerobe Übergang und seine Bedeutung für die Trainings-praxis. In: Leistungssport 9 (1979) 4, 235-243.

GAISL, G./WIESSPEINER, G.: Vergleich der Herzfrequenzen an der Laktatschwelle und an der Schwelle nach Conconi bei Kindern. In: Schweizer Zeitschrift für Sportmedizin 37 (1989) 3, 153-156.

GALLOWAY, J.: Richtig Laufen mit Galloway. Aachen 1986.

GERBIG, M.: Physiologische Parameter bei Langstreckenläufern in Abhängigkeit von Trainingsumfang und Alter. Diss. Tübingen 1992.

GILMAN, M. B./WELLS, C. L.: The Use of Heart Rates to Monitor Exercise Intensity in Relation to Metabolic Variables. In: Journal of Sports Medicine 14 (1993) 6, 339-344.

GILMAN, M. B.: The Use of Heart Rate to Monitor the Intensity of Endurance Trai-ning. In: Sports Medicine 21 (1996) 2, 73-79.

GIMBEL, B./KALKBRENNER, E.: Handbuch Körpermanagement. Training gegen Alltagsstreß. Reinbek bei Hamburg 1994.

GODSEN, R./CARROLL, T./STONE, S.: How Well Does Polar Vantage XL Heart Rate Monitor Estimate Actual Heart Rate? In: Medicine and Science in Sports and Exercise, 23 (1991) suppl., 14.

GREINERT, M.: Sportmethodische Erfahrungen bei einem langjährigen Training mit Herz-Kreislauf-Kranken. In: Medizin und Sport 19 (1979) 4, 135-137

GROSSER, M./BRÜGGEMANN, P./ZINTL, F.: Leistungssteuerung in Training und Wettkampf. München–Wien–Zürich 1986.

GRÜNING, M.: Die richtige Herzfrequenz. In: Runner's World (1997), 12, 38-39.

GRÜNING, M.: Pulsmesser. 14 Geräte im Test. In: Runner's World (1998), 7, 34-41.

HARRE, D.: Trainingslehre. Berlin 1982.

HARTLEY, L./SALTIN, B.: Reduction of Stroke Volume and Increase in Heart Rate after Previous Heavier Submaximal Workload. In: Scand. J. Clin. Lab. Invest. 22 (1968) 22.

HASTED, C. H./JUNGMANN, H./SEEVERS, H. H./ZIMMERMANN, J.: Vergleichende Untersuchungen über maximale Pulsfrequenzen bei der Ergometrie und beim Sport. In: Sportarzt und Sportmedizin 26 (1975) 6, 109-111.

HECK, H./BECKERS, K./LAMMERSCHMIDT, W./PRUIN, E./HESS, G./HOLLMANN, W.: Bestimmbarkeit, Objektivität und Validität der Conconi-Schwelle auf dem Fahrradergometer. In: Deutsche Zeitschrift für Sportmedizin 40 (1989) 11, 388-402.

HECK, H.: Laktat in der Leistungsdiagnostik. Schorndorf 1990.

HECK, H./ROSSKOPF, P.: Die Laktat-Leistungsdiagnostik – valide ohne Schwellenkonzepte. In: TW Sport + Medizin 5 (1993) 5, 344-352.

HECK, H.: Herzfrequenz-Symposium 7.11.1998.

HELLWIG, T./LIESEN, H./HELLWIG, S./HORNBERGER, M./RIEDEL, H.: Steuerung der Dauerlaufintensität über die Herzfrequenz – eine Ergänzung zu Laufgeschwindigkeitsvorgaben aufgrund der Laktat-Leistungskurve im Feldstufentest? In: BERNETT, P./JESCHKE, D. (Hrsg.): Sport und Medizin – Pro und Contra. München 1991, 755-758.

HILLS, A. P./BYRNE, N. M./RAMAGE, A. J.: Submaximal Markers of Exercise Intensity. In: Journal of Sports Science 16 (1998) Special Issue, 71-76.

HOFMANN; P./LAMPRECHT, M./SCHWABERGER, G./POKAN, R./VON DUVILLARD, S. P.: Einfluß unterschiedlicher Diätformen auf die Laktatleistungskurve im Stufentest und das Laktatverhalten bei Dauerbelastung auf dem Fahrradergometer – eine Einzelfallstudie. In: Deutsche Zeitschrift für Sportmedizin 49 (1998) 3, 82-87.

HOLLNAGEL, B. J.: Bestimmung und Normierung von Pulsfrequenzverläufen bei schwerer körperlicher Arbeit. Diss. Karlsruhe 1985.

HOLLMANN, W.: Der Arbeits- und Trainingseinfluß auf Kreislauf und Atmung. Darmstadt 1959a.

HOLLMANN, W./VALENTIN, H./VENRATH, H.: Vergleichende Arbeitsuntersu-
chungen männlicher und weiblicher Personen unter fortlaufender Registrierung von Ventilation, Stoffwechsel, Pulsfrequenz und Blutdruck. In: Münchener
Medizinische Wochenschrift 101 (1959b) 39, 1680-1683.

HOLLMANN, W.: Höchst- und Dauerleistungsfähigkeit des Sportlers. München
1963.

HOLLMANN, W./GRÜNEWALD, B./BOUCHARD, C.: Die alternsbedingte Reduktion der kardio-pulmonalen Kapazität und ihre Begegnung durch ein Minimal-
Trainingsprogramm. In: Arbeitsmedizin Sozialmedizin Arbeitshygiene 2 (1967)
3, 88-92.

HOLLMANN, W.: Trainingsmethoden zur Steigerung der kardiopulmonalen Leistungsfähigkeit bei gesunden Nichtsportlern. In: Therapiewoche 33 (1983) Son-
derdruck 5, 523-525.

HOLLMANN, W./ROST, R./LIESEN, H.: Die Bedeutung des Sports für das Herz des
älteren Menschen. In: Zeitschrift für Kardiologie 74 (1985) Suppl. 7, 39-48.

HOLLMANN,W./HETTINGER, T.: Sportmedizin – Arbeits- und Trainingsgrundlagen. Stuttgart–New York 1990.

HOLLMAN, W.: Laktat und Schwellenkonzepte. In: Deutsche Zeitschrift für Sportmedizin 46 (1995) 6, 290.

HOTTENROTT, K.: Systematisch nach Puls trainieren. In: Condition 20 (1989a)
Sonderheft, 47-49.

HOTTENROTT, K.: Lauftraining mit dem Conconi-Test. Teil 1: Praktische Anleitung
zur Durchführung des Tests und Trainingsempfehlung. In: Triathlon International 2 (1989b) 4, 36-38.

HOTTENROTT, K.: Mit dem Conconi-Test das Laufen im Triathlon steuern. Teil 2:
Erfahrungen aus der Praxis. In: Triathlon International 2 (1989c) 5, 42-44.

HOTTENROTT, K./ZÜLCH, M./LÜBS, E.-D.: Möglichkeiten der Trainingssteuerung
im Triathlon mittels der Herzfrequenz. In: BREMER, D./ENGELHARDT, M./KRE-
MER, A./WODICK, R. (Hrsg.): Triathlon: Physiologie, Betreuung, Trainingsplanung. Ahrensburg 1990, 68-82.

HOTTENROTT, K.: Trainingssteuerung im Ausdauersport. Ahrensburg 1993a.

HOTTENROTT, K.: Wie man die Marathon-Herzfrequenz bestimmt. In: Spiridon 19 (1993b) 9, 42-43.

HOTTENROTT, K.: Duathlontraining. Aachen 1995a.

HOTTENROTT, K.: Ausdauertraining. (Hrsg.: Dr. Loges + Co. GmbH, Winsen) Lüneburg, 1995b.

HOUMARD, J. A./HORTOBAGYI, T./JOHNS, R. A./BRUNO, N. J./NUTE, C. C./SHINEBERGER, M. H./WELBORN, J. W.: Effect of Short-Term Training Cessation on Performance Measures in Distance Runners. In: International Journal of Sports Medicine 13 (1992) 8, 572-576.

HUONKER, M./ARAMENDI, J. F./LEHMANN, M./DÜRR, H./THUM, M./OLWITZ, A./KEUL, J.: Kontrollierte Trainingssteigerung bei erfahrenen Langstreckenläufern. In: BERNETT, P./JESCHKE, D. (Hrsg.): Sport und Medizin – Pro und Contra. München 1991, 584-587.

ISRAEL, S.: Sport, Herzgröße und Herz-Kreislauf-Dynamik. Leipzig 1968.

ISRAEL, S.: Zur Problematik der maximalen Herzschlagfrequenz bei Sportlern. In: Medizin und Sport 10 (1970) 7, 193-200.

ISRAEL, S.: Die Ausbelastungs-Herzfrequenz als leistungsdiagnostische Kenngröße. In: Theorie und Praxis der Köperkultur 22 (1973), 254-261.

ISRAEL, S./KUPPARDT, H./GOTTSCHALK, K./NEUMANN, G./BÖHME, P.: Die submaximale Herzfrequenz als leistungsdiagnostische Kenngröße. In: Medizin und Sport 14 (1974) 10, 297-304.

ISRAEL, S.: Die Herzfunktion bei trainingsbedingten extremen Bradykardien von 29-34/min. In: Medizin und Sport 15 (1975) 7, 197.

ISRAEL, S.: Die maximale Herzfrequenz im Altersgang. In: Medizin und Sport 15 (1975) 12, 370-372.

ISRAEL, S.: Die Proportionalität von Herzfrequenz- und Belastungsanstieg. In: Medizin und Sport 16 (1976) 2, 53-55.

ISRAEL, S.: Sport und Herzschlagfrequenz. Leipzig 1982.

JABLONSKI, D./LIESEN, H./HOLLMANN, W.: Untersuchungen zur Entwicklung eines Trainingsgefühls zur Intensitätssteuerung des Dauerlauftrainings bei älteren Frauen und Männern. In RIECKERT, H. (Hrsg.): Sportmedizin – Kursbestimmung. Berlin-Heidelberg 1987, 34-38.

JAKOB, E./ARRATIBEL, I./STOCKHAUSEN, W./HUBER, G./KEUL, J.: Die Herzfrequenz als Kenngröße der Leistungsdiagnostik und Trainingssteuerung. In: Leistungssport 18 (1988) 5, 23-25.

JANSSEN, P.: Audauertraining: Trainingssteuerung über die Herzfrequenz- und Milchsäurebestimmung. Balingen 1996.

JEUKENDRUP, A./VAN DIEMEN, A.: Heart Rate Monitoring during Training and Competition in Cyclists. In: Journal of Sports Science 16 (1998) Special Issue, 91-99.

JOKL, E.: Heart and Sport. Springfield (Illinois) 1964.

JOST, H.: Laufen. Reinbek bei Hamburg 1992.

KARVONEN, M./KENTALA, K./MUSTALA, O.: The Effects of Training on Heart Rate: A Longitudinal Study. In: Annals of Medicine and Experimental Biology 35 (1957) 5, 307-315.

KARVONEN, J./CHWALBINSKA-MONETA, J./SÄYNÄJÄKANGAS, S.: Comparison of Heart Rates Measured by ECG and Microcomputer. In: Physician and Sportsmedicine 12 (1984) 6, 65-69.

KARVONEN, J./VUORIMAA, T.: Heart Rate and Exercise Intensity during Sports Activities. Practical Application. In: Sports Medicine 5 (1988) 5, 302-311.

KATCH, V./WELTMAN, A./SADY, S./FREEDSON, P.: Validity of the Relative Percent concept for Equating Training Intensity. In: European Journal of Applied Physiology 39 (1978) 4, 219-227.

KAUFMANN, W.: Die Beeinflußung der Herzgröße durch Arbeit und Sport. In: Medizinische Welt 7 (1933), 1347.

KEUL, J./KINDERMANN, W./SIMON, G.: Die aerobe und anaerobe Kapazität als Grundlage für die Leistungsdiagnostik. In: Leistungssport 8 (1978) 1, 22-32.

KEUL, J./SIMON, G./BERG, A./DICKHUTH, H. H./GOERTLER, L./KÜBEL, R.: Bestimmung der individuellen anaeroben Schwelle zur Leistungsbewertung und Trainingsgestaltung. In: Deutsche Zeitschrift für Sportmedizin. 30 (1979) 7, 212-218.

KEREN, G./SCHOENFELD, Y.: Sudden Death and Physical Exertion. In: Journal of Sports Medicine 21 (1981) 1, 90.

KINDERMANN, W./SIMON, G./KEUL, J.: Dauertraining – Ermittlung der optimalen Trainingsherzfrequenz und Leistungsfähigkeit. In: Leistungssport 8 (1978) 1, 34-39.

KINDERMANN, W./SIMON, G./KEUL, J.: The Significance of the Aerobic-anaerobic Tranisition for the Determination of Work Load Intensities during Endurance Training. In: European Journal of Sports Medicine 42 (1979) 1, 25-34

KINDERMANN, W./ROST, R.: Hypertonie und Sport. Höchst 1991.

KIRCH, E.: Anatomische Grundlagen des Sportherzens. In: Verh. Dtsch. Ges. Inn. Med. (1935) 47, 73.

KIRCH. E.: Herzkräftigung und echte Herzhypertrophie durch Sport. In: Zeitschrift für Kreislaufforschung 28 (1936), 893.

KIRKPATRICK, B./BIRNBAUM, B. H.: Lessons from the Heart: Individualizing Physical Education with Heart Rate Monitors. USA 1997.

KLEINMANN, D.: Sport als Medizin für jedermann. Stuttgart 1985.

KLEINMANN, D.: Trainingspulsmessung – eine kritische Betrachtung. In: Zeitschrift für Allgemeine Medizin 1987; 63: 883.

KLEINMANN, D.: Trainingspulsangabe – sinnvoll oder unsinnig? In: Fortschr. Med. 1992; 110, 383-386.

KLEINMANN, D.: Laufen. Sportmedizinische Grundlagen, Trainingslehre und Risikoprophylaxe. Stuttgart 1996.

KLIMT, F.: Funk-EKG-Registrierung im Kindesalter. In: Ärztliche Jugendkunde 55 (1964) 563-570.

KLIMT, F./MEYER, C.: Lauftempo durch Herzschlagfrequenzvorgabe. In: Österreichisches Journal für Sportmedizin 17 (1987) 1, 23-32.

KLIMT, F.: Meßmethoden der Herzschlagfrequenz. In: der Kinderarzt 19 (1988) 4, 524-529

KLIMT, F./HOTTENROTT, K./NEUMANN, G./PFÜTZNER, A./FEYERABEND, D.: Grundkenntnisse über die Anwendung von Herzfrequenzmessungen im Freizeitsport. Groß-Gerau 1991.

LAGERSTRØM, D./GRAF, J.: Die richtige Trainingspulsfrequenz beim Ausdauersport. In: Herz Sport Gesundheit 26 (1986) 3, 21-24.

LAGERSTRØM, D./SCHWIRTZ, A./VÖLKER, K./LIESEN, H./BEHRENS, C.: Intensitätssteuerung mittels Herzfrequenz, Laktat und Atemfrequenz beim Diagonalschritt von Freizeit-Skilangläufern. In: BERNETT, P./JESCHKE, D. (Hrsg.): Sport und Medizin – Pro und Contra. München 1991, 797-800.

LAMBERT, M. I./MBAMBO, Z. H./ST CLAIR GIBSON, A.: Heart Rate during Training and Competition for Long-distance Running. In: Journal of Sports Science 16 (1998) Special Issue, 85-90.

LAUKKANEN, R. M. T./VIRTANEN, P. K.: Heart Rate Monitors: State of the Art. In: Journal of Sports Science 16 (1998) Special Issue, 3-7.

LEGER, L./THIVIERGE, M.: Heart Rate Monitors: Validity, Stability, and Functionality. In: The Physician and Sportsmedicine 16 (1988) 5, 143-151

LEHMANN, M./DICKHUTH, H. H./JAKOB, E./STOCKHAUSEN, W./HUBER, G./GENDRICH, W./KEUL, J.: Sympathikus, Training und Übertraining. In: Leistungssport 20 (1990) 2, 19-24.

LEHMANN, M./KAMINSKI, R./PETERKE, E./STEFFNY, HG./SCHMIDT, P./DICK-HUTH, H. H./ BAUMANN, H./SEIDEL, A./WIESENACK, C.: Zur Trainingseffizienz des extensiven/langsamen Dauerlaufs im Vergleich mit Tempolauf/Tempodauerlauf. In: Leistungssport 21 (1991) 1, 45-49.

LEHNERTZ, K./MARTIN, D.: Probleme der Schwellenkonzepte bei der Trainingssteuerung im Ausdauerbereich. In: Leistungssport 18 (1988) 5, 5-12.

LEHNERTZ, K.: Informationen zur herzschlagfrequenzorientierten Trainingssteuerung. In: Leistungssport 19 (1989) 4, 39-43.

LETZELTER, M: Trainingsgrundlagen, Training, Technik, Taktik. Reinbek bei Hamburg 1978.

LIESEN, H./HOLLMANN, W.: Ausdauersport und Stoffwechsel. Schorndorf 1981.

LIESEN, H./DUFAUX, D./HECK, H./MADER, A./ROST, R./LÖTZERICH, S./HOLL-
MANN, W.: Körperliche Belastung und Training im Alter. In: Deutsche Zeitschrift für Sportmedizin 30 (1979) 5, 218-226.

LORMES, W./STEINACKER, J. M./STAUCH, M.: Laktatbestimmung mittels ACCU-
SPORT und vollenzymatisch-photometrisch bei leistungsdiagnostischem Mehr-
stufentest und bei Langzeitbelastungen. In: Deutsche Zeitschrift für Sportmedizin 46 (1995) 1, 3-8.

LUCK, P./HAMANN, O.: Das Verhalten von Herzschlagfrequenz, Blutdruck und
Laktat bei zyklischen und azyklischen Belastungen. In: BERNETT, P./JESCHKE,
D. (Hrsg.): Sport und Medizin - Pro und Contra. München 1991, 573-575.

LYDIARD, A.: Laufen mit Lydiard. Aachen 1985.

LYSHOLM, E./NYLIN, G./ QUARNA, K.: The Relation between Heart Volume and
Stroke Volume under Physiological and Pathological Conditions. In: Acta Radi-
ol. 15 (1934), 237.

MADER, A./LIESEN, H./HECK, H./PHILIPPI, H./ROST, R./SCHÜRCH, P./HOLL-
MANN, W.: Zur Beurteilung der sportartspezifischen Ausdauerleistungsfähigkeit im Labor. In: Sportarzt und Sportmedizin 27 (1976) 4, 80-88 und 5, 109-
112.

MADER, A.: Aussagekraft der Laktatleistungskurve in Kombination mit anaeroben
Tests zur Bestimmung der Stoffwechselkapazität. In: CLASING, D./WEICKER,
H./BÖNING, H. (Hrsg.): Stellenwert der Laktatbestimmung in der Leistungsdiag-
nostik. Stuttgart–Jena–New York 1994, 133-152.

MAASSEN, N./BUSSE, M. W./BÖNING, D.: Die Laktatleistungskurve – Kriterium der aeroben Kapazität oder Indiz für das Muskelglykogen? II. Kohlenhydratreiche Ernährung. In: RIEKERT, H. (Hrsg.): Sportmedizin – Kursbestimmung. Berlin 1987, 460-464.

MARKWORTH, P.: Sportmedizin – Physiologische Grundlagen. Hamburg 1984.

MARTIN, D./CARL, K./LEHNERTZ, K.: Handbuch Traininingslehre. Schorndorf 1991.

Matwejew, L.- P.: Die Entwicklung der Kraft, Schnelligkeit und Ausdauer. In: TuPKK 9 (1960) 1, 4.

MAYRHOFER, B.: Wörterbuch zur Geschichte der Medizin. Jena 1937.

MELLEROWICZ, H./LERCHE, D.: Ergometrische Untersuchungen zur Beurteilung der Leistungsfähigkeit Jugendlicher. In: Internationale Zeitschrift für angewandte Physiologie einschließlich Arbeitsphysiologie 17 (1958), 459.

MORITZ, F.: Größe und Form des Herzens bei Meistern im Sport. In: Dtsch. Arch. Klein. Med. 176 (1934), 455.

MOUGIOS, V./DELIGIANNIS, A.: Effect of Water Temperature on Performance, Lactate Production and Heart Rate at Swimming of Maximal and Submaximal Intensity. In: Journal of Sports Medicine and Physical Fitness 33 (1993) 1, 27-33.

NETT, T.: Training des Kurz-, Mittel-, und Langstreckenläufers. München–Berlin–Frankfurt 1956.

NEUFER, P. D.: The Effect of Detraining and Reduced Training on the Physiology Adaptations to Aerobic Exercise Training. In: Sports Medicine 8 (1989) 5, 302-321

NEUMANN, G.: Sportmedizinische Grundlagen der Ausdauerentwicklung. In: Medizin und Sport 24 (1984) 6. 174-177.

NEUMANN, G.: Ausdauerbelastung. Ein sportmedizinischer Ratgeber. Leipzig 1991a.

NEUMANN, G./BERBALKA, A.: Umstellung und Anpassung des Organismus – grundlegende Voraussetzungen der sportlichen Leistungsfähigkeit. In: BER-NETT, P./JESCHKE, D. (Hrsg.): Sport und Medizin – Pro und Contra. München 1991b, 415-419.

NEUMANN, G./PFÜTZNER, A./HOTTENROTT, K.: Alles unter Kontrolle. Aachen 1993.

NEUMANN; G.: Zum zeitlichen Ablauf der Anpassung beim Ausdauertraining. In: Leistungssport 23 (1993a) 5, 9-14.

NEUMANN, G.: Laktatorientiertes Ausdauertraining – Grenzen erkennen, valide Möglichkeiten nutzen. In: TW Sport + Medizin 5 (1993b) 6, 417-424.

NEUMANN, G./GOHLITZ, D.: Trainingssteuerung im leichtathletischen Lauf mittels disziplinspezifischer Ausdauerstufentests. In: Leistungssport 26 (1996) 1, 62-67.

NEUMANN, G./PFÜTZNER, A./BERBALK, A.: Optimiertes Ausdauertraining. Aachen 1998.

NOAKES, T. D./LAMBERT, M. I./GLEESON, M.: Heart Rate Monitoring and Exercise: Challenges for the Future. In: Journal of Sports Science 16 (1998) Special Issue, 105-106.

NÖCKER, J.: Physiologie der Leibesübungen. 4. Aufl. Stuttgart 1980.

PARDEY, H.-H.: Horchen am schlagenden Herzen. In: FAZ, 27.10.1998.

PARROT, L.: Über die Herzgröße unterschiedlich lebender Haus- und Waldtiere. Inaugural Dissertation, München 1893.

PETERS, C./T. STEMPER, T.: Laufen. Ausrüstung Technik Praxis. Niedernhausen/TS 1996.

PETZL, D. H./HABER, P./POPOW, C./HASCHKE, F./SCHUSTER, E.: Die Herzfrequenz auf submaximalen Belastungsstufen ist nicht repräsentativ für die maximale Leistungsfähigkeit. In: FRANZ, I. W./MELLEROWICZ, H./NOACK, W. (Hrsg.): Training und Sport zur Prävention und Rehabilitation in der technisierten Umwelt. Berlin–Heidelberg–New York–Tokio 1985, 614-617.

REINDELL, H./ROSKAMM, H./GERSCHLER, W.: Das Intervalltraining. München 1962.

REINDELL, H.: Das Sportherz, geschichtliche Entwicklung und neue Aspekte. In: ROST, R./WEBERING, F. (Hrsg.): Kardiologie im Sport. Köln 1987, 109-123.

REINDELL, H./DICKHUTH, H. H.: Das Sportherz. In: REINDELL, R./BUBENHEI-MER, P./DICKHUTH, H. H./GOERNANDT, L. (Hrsg.): Funktionsdiagnostik des gesunden und kranken Herzens. Stuttgart 1988, 95-111.

RIBEIRO, J. P./FIELDING, A./HUGHES, V./BLACK, A./BOCHESE, M.A./KNUTT-GEN, H. G.: Heart Rate Break Point May Coincide with the Anaerobic and not the Aerobic Threshold. In: International Journal of Sports Medicine 6 (1985) 4, 220-224.

ROBINSON, D. M./ROBINSON, S.M./HUME, P.A./HOPKINS, W.G.: Training Intensity of Elite Male Distance Runners. In: Med. Sci. Sports Exerc. 23 (1991) 9, 1078-1082.

RITTMEYER, I./BUCHHEIM, J.: Zur Effektivität gesundheitsbezogener Sportprogramme. Wuppertal 1980.

RÖCKER, K./STEINACKER, J. M./STAUCH, M.: Die transkutane Messung des pCO_2 zur nichtinvasiven Bestimmung der aerob-anaeroben Schwelle. In: BERNETT, P./JESCHKE, D. (Hrsg.): Sport und Medizin – Pro und Contra. München 1991a, 731-733.

RÖCKER, K./STEINACKER, J. M./STAUCH, M.: Die diskrete Häufigkeitsverteilung als Darstellungsform von Herzfrequenzdaten in der Trainingssteuerung. In: BERNETT, P./JESCHKE, D. (Hrsq.): Sport und Medizin – Pro und Contra. München 1991b, 781-783.

RÖCKER, K.: Der Puls bestimmt die Pace. In: Runner's World (1994), 7, 35-39.

RÖCKER, K.: Maximalpuls. In: Runner's World (1997), 12, 26-27.

RÖCKER, K.: Individuelle Herzfrequenzen. In: Runner's World (1998), 9, 16.

ROSKAMM, H./REINDELL, H. MÜLLER, M.: Herzgröße und ergometrisch getestete Ausdauerleistungsfähigkeit bei Hochleistungssportlern aus 9 deutschen Nationalmannschaften. In: Zeitschrift für Kreislaufforschung 55 (1966), 2.

ROSKAMM, H./SAMEK, L.: Kardiozirkulatorische Anpassung an körperliche Belastung. In: KINDERMANN, W./HORT, W. (Hrsg.): Sportmedizin für Breiten- und Leistungssport. Gräfeling 1980, 169-178.

ROST, R./HOLLMANN, W.: Elektrokardiographie in der Sportmedizin. Stuttgart–New York 1982.

ROST, R./HOLLMANN, W.: Belastungsuntersuchungen in der Praxis. Stuttgart–New York 1982.

ROST, R.: Herz und Sport. Erlangen 1984.

ROST, R./LAGERSTRØM, D./VÖLKER, K.: Fahrradergometrische Belastungsuntersuchungen bei Herz-Kreislauf-Patienten. Köln 1991.

SACHS, L.: Angewandte Statistik – Anwendung statistischer Methoden. Heidelberg 1992.

SCHAGERL, G./ELLIOT, M./HABER, P.: Der individuelle Meßfehler bei Selbstmessung der Erholungsherzfrequenz und der systematische Fehler gegenüber der Belastungsherzfrequenz. In: Leistungssport 12 (1982) 5, 394-397.

SCHLUMBERGER, A./HEMMLING, G./FRICK, U./SCHMIDTBLEICHER, D.: Herzfrequenz- und Laktatverhalten beim freien Laufen und beim Aquajogging. In: Deutsche Zeitschrift für Sportmedizin 48 (1997) 5, 183-189.

SCHMIDT, A./LIM, W.-K./HAAKER, R./SIMON, G.: Leistungsfähigkeit, Herzfrequenz- und Laktatverhalten nach intensivem Ausdauertraining. In: BERNETT, P./JESCHKE, D. (Hrsg.): Sport und Medizin – Pro und Contra. München 1991, 734-736.

SCHMIDT, A./LIM, W.-K./SIMON, G.: Verhalten von Herzfrequenz, Laktat und Sauerstoffaufnahme beim Laufen mit unterschiedlicher Geschwindigkeit bzw. Steigung. In: Deutsche Zeitschrift für Sportmedizin 46 (1995) 4, 195-200.

SCHMIDT, F.-L.: Ergometrie bei Herzkranken. Basel–München–Paris–London–New York–Sydney 1977.

SCHMITH, G./ISRAEL, S.: Herzschlagfrequenz beim gesundheitsstabilisierenden Ausdauertraining: 170 – 1/2 Lebensalter (Jahre) ±10/min. In: Medizin und Sport 23 (1983) 5, 158-161.

SCHMOLINSKY, G.: Leichtathletik. Berlin 1969.

SCHNEIDER, K. W./ROST, R./GATTENLÖHNER, W.: Kreislauffunktion beim Sportler. Stuttgart–New York 1970.

SCHÜTTE ,B.: Excel für Windows 95. Himberg 1995.

SCHULZ, H./MÜLLER, F./FROMME, A./HECK, H: Die Belastungsintensität bei Freizeitläufern. In: Deutsche Zeitschrift für Sportmedizin 48 (1997) 7/8, 270-273.

SCHWARZ, L./COEN, B./ZIERES, C./KINDERMANN, W.: Kombinierte Laufband- und Felduntersuchungen zur Leistungsdiagnostik und Trainingssteuerung im Mittel- und Langstreckenlauf. In: Leistungssport 23 (1993) 2, 34-38.

SCHWARZ, M./URHAUSEN, A./SCHWARZ, L.: Walking – Eignung als alternative Ausdauertrainingsform im Gesundheits- und Freizeitsport. In: Deutsche Zeitschrift für Sportmedizin 49 (1998) 10, 315-317.

SELLEY, E. A./KOLBE, T./VAN ZYL, C. G./NOAKES, T. D./LAMBERT, M. I.: Running Intensity as Determined by Heart Rate is the Same in Fast and Slow Runners in both the 10- and 21-km-Races. In: Journal of Sports Science 13 (1995) 2, 405-410.

SLEAMAKER, R.: Systematisches Leistungstraining: Schritte zum Erfolg. Aachen 1991.

SNYDER, A. C./WOULFE, T./WELSH, R./FOSTER, C.: A Simplified Approach to Estimating the Maximal Lactate Steady State. In: International Journal of Sports Medicine 15 (1994) 1, 27-31.

SPRYNROVA, S./DOVALIL, J./POTMESIL, J.: Aussagewert der Pulsfrequenz nach Leistungstests bei Skiläufern. In: Medizin und Sport 18 (1978) 4, 110-113.

STEINHÖFER, D.: Zur Terminologie und Abgrenzung der Trainingsmethoden. In: Leistungssport 23 (1993) 6, 44-50.

STEFFNY, M.: Marathontraining. Mainz 1978.

STEFFNY, M.: Zu vorsichtig. In: Spiridon 24 (1998), 6, 26-27.

STEGEMANN, J.: Leistungsphysiologie. Stuttgart 1984.

STEINACKER, J. M./NIESS, A./LORMES, W.: Das Histogramm als Hilfsmittel in der Trainingsanalyse und Trainingssteuerung. In: Leistungssport 23 (1993) 5, 30-31.

STEPHEN; P.K./JACOBS, I./MCLELLAN, T. M.: Adaptations to Training at the Individual Anaerobic Threshold. In: European Journal of Applied Physiology 65 (1992) 4, 316-323.

STRAUZENBERG, S. E./FELLER, K: Beitrag zur Leistungsbeurteilung aus der Pulsfrequenzmessung bei Maximalbelastung unter Berücksichtigung einiger Stoffwechselkriterien. In: Medizin und Sport 7 (1967) 4, 101-104.

STRAUZENBERG, S. E.: Umstellung und Anpassung des kardiovaskulären Systems bei sportlicher Belastung. In: Medizin und Sport 18 (1978) 6, 164-174.

STRAUZENBERG, S. E./GɩRTLER, H./HANNEMANN, H./TITTEL, K.: Sportmedizin. Grundlagen der sportmedizinischen Betreuung. Leipzig 1990.

SÜLZBRÜCK, J. R.: Oft ist weniger mehr. Leistungsdiagnostik und Trainingssteuerung im Freizeitsport. In: Condition (1998) 2, 16-19.

SWESDIN, W. W./KONOPLEW, W. W./KUSOWENKOW, W. W./POPOW, J. A./NABATNIKOWA, M. J./FOMINYCH, A. G./TSCHUMAKOWA, R. S.: Ausdauerentwicklung. Berlin 1974.

TIEDT, N./WOHLGEMUTH, B./WOHLGEMUTH, P.: Die statische Kennlinie der Belastungsherzfrequenz. In: Medizin und Sport 13 (1973) 3, 87-94.

URHAUSEN, A./WELLER, B./KINDERMANN, W.: Sympathische Aktivität und Herzfrequenzverhalten bei Ausdauerbelastungen unterschiedlicher Intensität. In: Deutsche Zeitschrift für Sportmedizin 43 (1992) 10, 446-448.

VERCHOSHANSKIJ, J.: Ein neues Trainingssystem für zyklische Sportarten. Münster 1992.

VOLLERT, H.: Komplette Langlaufmethode. Radolfzell 1984.

VÖLKER, K.: Probleme der Belastungsintensität beim Freizeitsport. In: Herz Sport Gesundheit 24 (1984a) 1, 5-7.

VÖLKER, K./GRACHER, M./WIBBELS, T./HOLLMANN, W.: Über die Notwendig-keit der Steuerung der Belastungsintensität im Breitensport. In: Deutsche Zeit-schrift für Sportmedizin 35 (1984), 8, 268.

VÖLKER, K./GRACHER, M./WIBBELS, T./HOLLMANN, W.: Über die Notwendig-keit der Steuerung der Belastungsintensität im Breitensport. In: FRANZ, I. W./MELLEROWICZ, H./NOACK, W. (Hrsg.): Training und Sport zur Prävention und Rehabilitation in der technischen Umwelt. Berlin-Heidelberg-New York-Tokio 1985, 547-552.

VÖLKER, K./SCHMIDT, K.: Die Wertigkeit der Casio Uhr BP100 zur Ermittlung der Herzfrequenz und des Blutdrucks unter körperlicher Belastung. In: Deutsche Zeitschrift für Sportmedizin 46 (1995) Sonderheft, 517-520.

VUORI, I.: Experience of Heart Rate Monitoring in Observational and Intervention Studies. In: Journal of Sports Science 16 (1998) Special Issue, 25-30.

WAITZ, G.: Grete Waitz Worldclass. Eine Frau läuft sich frei. Aachen 1989.

WEINECK, J.: Optimales Training. Balingen 1996.

WESSINGHAGE, T.: Laufen. München-Wien-Zürich1987.

WILMORE, J. H./STANFORTH, P. R./GAGNON, J./LEON, A. S./RAO, D. C./SKIN-NER, J. S./BOUCHARD, C.: Endurance Exercise Training Has a Minimal Effect on Resting Heart Rate: the Heritage study. In: Medical Science and Sports Exer-cise 28 (1996) 7, 829-835.

WIRTHS, W.: Energie- und Nährstoffzufuhr von Hochleistungssportlern. In: Sport-arzt und Sportmedizin 10 (1972) 253.

WITTENBERG, R./CRAMER, H.: Datenanalyse mit SPSS für Windows 95/NT. Stutt-gart 1998.

ZACIORSKIJ, V. M.: Die körperlichen Eigenschaften des Sportlers. Berlin-Mün-chen-Frankfurt 1972.

ZINTL, F.: Ausdauertraining: Grundlagen, Methoden, Trainingssteuerung. Mün-chen-Wien-Zürich 1988

8 Abbildungs- und Tabellenverzeichnis

Abbildungen

Tabellen

9 Anhang

Fragebogen

Winfried Spanaus
Reichenbachstr. 23
47441 Moers
Tel./Fax 0 28 41 / 3 40 72
E-Mail: spanaus@online.de

Name: _____ Alter: _____ Geschlecht: ___
(freiwillig)

Ruhepuls: _____ Größe: _____ Gewicht: _____
(Morgens nach dem Aufwachen vor dem Aufstehen messen!)

Seit wie vielen Jahren betreiben Sie ein regelmäßiges Lauftraining?

Trainingshäufigkeit? (pro Woche)   Trainingsumfang? (in km pro Woche)

Aktuelle Bestzeiten über   10 km   : _____
                             Halbmarathon : _____
                             Marathon   : _____

Trainieren Sie mit einem Herzfrequenzmessgerät?   Typenbezeichnung?

Wie oft benutzen Sie Ihr Herzfrequenzmessgerät? Im Training   : _____ (in %)
                                                 Im Wettkampf : _____ (in %)

Tragen Sie bitte Ihre (bisherige) maximale Herzfrequenz ein!

Haben Sie diese errechnet oder durch einen Test ermittelt?

Wenn Sie sie mit einer Formel errechnet haben, nach welcher?

Wenn Sie diese durch einen Test ermittelt haben, geben Sie bitte an, (A) nach welchem Test?

und (B) in welcher Phase Ihres Jahrestrainingszyklus dies war:

| Vorbereitungsperiode? | Wettkampfperiode? | Übergangsperiode? |

Würden Sie im Rahmen einer wissenschaftlichen Studie einen Maximalherzfrequenztest durchführen?

In welcher Phase Ihres Jahreszyklus befinden Sie sich?

Auf welche(n) Wettka(ä)mpf(e) bereiten Sie sich vor?

Im Folgenden werden vier Testverfahren zur Ermittlung der maximalen Herzfrequenz vorgestellt. Bitte führen Sie die Tests nach einem gewöhnlichen Aufwärmprogramm (mindestens aber 15 Minuten) durch und immer zur selben Uhrzeit. Absolvieren Sie keine Tempoläufe oder Wettkämpfe am Vortag, da diese die Ergebnisse beeinflussen könnten!

Die vier Tests zur Ermittlung der maximalen Herzfrequenz

Test I
Der 12-Minuten-Test
Nach dem Aufwärmen zehn Minuten zügiges bis schnelles Laufen, die letzten beiden Minuten volles Tempo; Herzfrequenzmessung am Ende!

| Erreichte maximale Herzfrequenz: | Uhrzeit: |
| | Temperatur: |

Test II
Der 1.600-m-Stufen-Test
Vier 400-m-Runden ohne Pause laufen, die erste Runde in zügigem Tempo, danach jede Runde das Tempo steigern und die letzte Runde mit höchster Geschwindigkeit laufen; Herzfrequenzmessung am Ende.

| Erreichte maximale Herzfrequenz: | Uhrzeit: |
| | Temperatur: |

Test III
Der 800 m-Test
400-m mit einer 95%igen Ausbelastung laufen und in der zweiten Runde eine Wettkampfsituation simulieren, indem man so schnell wie möglich läuft. Herzfrequenzmessung am Ende!

Erreichte maximale Herzfrequenz:	Uhrzeit: Temperatur:

Test IV
Der Hügel-Wiederholungs-Test
Einen relativ steilen Hügel viermal ca. 90 Sekunden hinaufsprinten; in der Pause herunterjoggen.
Herzfrequenzmessung am Ende jedes Laufs und in der Pause!

Erreichte maximale Herzfrequenz:	Uhrzeit: Temperatur:

Vielen Dank für Ihre Hilfe!

Trainungsplan eines Probanden für die erste Woche

Tag	Programm: 29. Trainingswoche vom 18.05.-24.05.98	Laufzeit	km
Mo.	10 km Tempodauerlauf in 3:34 min/km. Du kannst richtig aufdrehen, wichtig ist nur, dass du das Tempo gleichmäßig halten kannst.		
Di.	17-20 km extensiver Dauerlauf in 4:39-4:21/km. Pulsbereich 112-130.		
Mi.	Einmal 40 m, 60 m, 80 m Grundschnelligkeitsserie. Danach zwölf Minuten Höchstpulstest I: Steigere dich aus den 4:39 min/km langsam zehn Minuten lang auf dein schnellstes Dauerlauftempo und renne dann die letzten zwei Minuten so schnell es geht. Beobachte während dieser letzten zwei Minuten und bis 30 Sekunden nach dem Zieleinlauf deinen Puls. Anschließend 1.200 m Trabpause und dann 3 x 2.000 m Tempoflextraining im 400-m-Rhythmus. Vier-Sekunden-Steigerung: 1:30-2:56-4:18-5:36-6.50; sechs-Sekunden-Steigerung: 1:36-3-3:06-4:30-5:48-7:00 min; acht-Sekunden-Steigerung: 1:42-3:16-4:42-6:00-7:10. Pulsbereich bis 162. 1.600 m Trabpause. Denk bitte bei dem letzten 2.000er: Wer sich auf den ersten drei Runden ein Polster anlegt, zahlt eine Buße an den „Verein notleidender Wettkampfschuhe".		
Do.	16-18 km regenerativer Dauerlauf in 5:09-4:39/km, Pulsbereich 108-119		
Fr.	17-20 km extensiver Dauerlauf in 4:39-4:21/km. Pulsbereich 112-130.		
Sa.	25 km extensiver Dauerlauf in 4:21/km. Pulsbereich 123-130.		
So.	1-1,5 Stunden Dauerlauf in 5:09-4:39/km. Pulsbereich 108-119.		
Wochenfazit:	km/Woche: kg:		

Trainungsplan eines Probanden für die zweite Woche

Tag	Programm: 30. Trainingswoche vom 25.05.-31.05.98	Laufzeit	km
Mo.	15 km scharfer Tempowechsellauf. Wechsle jeden Kilometer das Tempo zwischen 3:47 und 3:34 min/km. Pulsbereich 144-159. Eine körperlich und nervlich anspruchsvolle Übung. Du kommst psychologisch am besten mit dieser Einheit klar, wenn du dir sagst: „Ich muss jetzt 15 Kilometer in 3:34 min/km laufen, aber jeden zweiten Kilometer kann ich mich ein bisschen ausruhen."		
Di.	17-20 km extensiver Dauerlauf in 4:39-4:21/km. Pulsbereich 112-130.		
Mi.	Einmal 40 m, 60 m, 80 m Grundschnelligkeitsserie. Danach 1.600 m Höchstpulstest II: Laufe vier Runden ohne Pause. Beginne mit 4:21 min/km, steigere dich jede Runde und laufe die letzte Runde so schnell du kannst. Beobachte während dieser letzten 400 m und bis 30 Sekunden nach dem Zieleinlauf deine Herzfrequenz. Anschließend 1.200 m Trabpause und 3 x 1.500 m in 4:49 min mit 1.300 m Trabpause. Pulsbereich alles über 162."		
Do.	16-18 km regenerativer Dauerlauf in 5:09-4:39/km. Pulsbereich 108-119.		
Fr.	17-20 km extensiver Dauerlauf in 4:39-4:21/km. Pulsbereich 112-130.		
Sa.	25 km extensiver Dauerlauf in 4:21-4:11/km. Pulsbereich 123-130. Du kannst ruhig ein bisschen flotter sein als gewohnt. Falls vorhanden, gehe einfach die Hügel (Berge) etwas schneller an.		
So.	1-1,5 Stunden Dauerlauf in 5:09-4:39/km. Pulsbereich 108-119.		
Wochenfazit:	km/Woche: kg:		

Trainungsplan eines Probanden für die dritte Woche

Tag	Programm: 31. Trainingswoche vom 01.06.-07.06.98	Laufzeit	km
Mo.	10 km Tempodauerlauf in 3:34 min/km. Keine Gnade für die Wade! Pulsbereich 152-159.		
Di.	17-20 km extensiver Dauerlauf in 4:39-4:21/km. Pulsbereich 112-130.		
Mi.	Einmal 40 m, 60 m, 80 m Grundschnelligkeitsserie. Danach 800 m Höchstpulstest III: Laufe zwei Runden ohne Pause, die ersten 400 m in ca. 75 s und die zweiten so schnell wie in einem Wettkampf. Danach 1.000 m Trabpause und anschließend 5 x 1.000 m Tempoflextraining im 200-m-Rhythmus. 1-s-Steigerung: 40-79-1:57-2:34-3:10; 2-s-Steigerung: 44-86-2:06-2:44-3:20; 3-s-Steigerung: 47-91-2:12-2:50-3:25; 4-s-Steigerung: 50-96-2:18-2:56-3:30; 5-s-Steigerung: 53-1:41-2:24-3:02-3:35 mit 1.000 m Trabpause. Pulsbereich am Ende über 162.		
Do.	16-18 km regenerativer Dauerlauf in 5:09-4:39/km. Pulsbereich 108-119.		
Fr.	17-20 km extensiver Dauerlauf in 4:39-4:21/km. Pulsbereich 112-130.		
Sa.	35 km extensiver Dauerlauf in 4:21/km. Pulsbereich 123-130. Nicht meckern, einmal pro Monat muss die lange Einheit sein.		
So.	1-1,5 Stunden Dauerlauf in 5:09-4:39/km. Pulsbereich 108-119.		
Wochenfazit:	km/Woche:	kg:	

Trainungsplan eines Probanden für die vierte Woche

Tag	Programm: 32. Trainingswoche vom 08.06.-14.06.98	Laufzeit	km
Mo.	3 x 3.000 m in 10:06 min mit 3.000 m Trabpause. Falls du z.Z. Bahnwettkämpfe bestreitest, laufe diese Einheit im Gelände. Wenn nicht, kannst du ohne Probleme auf die Bahn gehen. Pulsbereich 144-162.		
Di.	17-20 km extensiver Dauerlauf in 4:39-4:21/km. Pulsbereich 112-130.		
Mi.	Grundschnelligkeitsprogramm 4 x 2.000 m Tempoflextraining im 400-m-Rhythmus. 2-s-Steigerung: 1:24-2:46-4:06-5:24-6:40; 4-s-Steigerung: 1:30-2:56-4:18-5:36-6:50; 6-s-Steigerung: 1:36-3:06-4:30-5:48-7:00; 8-s-Steigerung: 1:42-3:16-4:42-6:00-7:10 mit 1.600 m Trabpause. Pulsbereich bis über 162.		
Do.	16-18 km regenerativer Dauerlauf in 5:09-4:39/km. Pulsbereich 108-119.		
Fr.	17-20 km extensiver Dauerlauf in 4:39-4:21/km. Pulsbereich 112-130.		
Sa.	Höchstpulstest IV: Laufe einige Kilometer zu einem Hügel, der möglichst steil, aber nicht zu steil ist, dass er nicht mehr von Fahrzeugen befahrbar ist. Sprinte dort 4 x 90 s mit vollem Einsatz hinauf, jogge als Pause ganz langsam runter. Herzfrequenz jeweils am Ende oder kurz davor. Anschließend laufe ganz entspannt noch so weit, dass du auf 20 km extensiven Dauerlauf in 4:21 min/km kommst. Pulsbereich 123-130. Bewege dich und wechsele dein Tempo. Mache es dir bitte nicht bequem und trotte.		
So.	1-1,5 Stunden Dauerlauf in 5:09-4:39/km. Pulsbereich 108-119.		
Wochenfazit:	km/Woche: kg:		

Abkürzungsverzeichnis

Abkürzung	Bedeutung
HF	Herzfrequenz
HF_{max}	Maximale Herzfrequenz
HF_{submax}	Submaximale Herzfrequenz
HF_{Ruhe}	Ruheherzfrequenz
HMV	Herzminutenvolumen
kg	Kilogramm
l	Liter
LA	Lebensalter
l/min	Liter pro Minute
m	männlich
mg	Milligramm
Max	Maximum
Min	Minimum
min	Minute
ml	Milliliter
Mw	Mittelwert
n	Anzahl
n. s.	nicht signifikant
Rg	Range
Schl./min	Schläge pro Minute
Sd	Standardabweichung
SV	Schlagvolumen
Var	Variationskoeffizient
VO_2	Sauerstoffaufnahme
VO_{2max}	Maximale Sauerstoffaufnahme
w	weiblich

Bildnachweis

Titelfoto: Polar Electro GmbH, Büttelborn, U 4: Hartmut Kuetz
Fotos (Innenteil): Hartmut Kuetz S. 50, 51, 52, 59, 66, 83, 96, 97, 99, 101, 103
Abbildungen: siehe Abbildungsverzeichnis
          Spanaus S. 82, 84, 85, 86, 87, 88, 89, 90, 91, 92, 93, 94, 95, 98,
          100, 102, 104, 105, 132
Umschlaggestaltung: Birgit Engelen, Stolberg

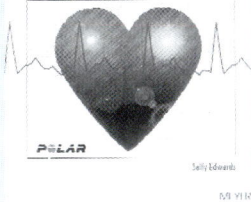

Ziele erreichen...

Georg Neumann/Arndt Pfützner/
Anneliese Berbalk
**Optimiertes
Ausdauertraining**

Auf fundierter wissenschaftlicher
Basis werden die grundlegen-
den Regeln des Leistungstrai-
nings, besonders in den Ausdauersportarten, dargestellt.
Vielseitige sportmedizinische
und -methodische Anregungen
für Sportler und Trainer jeder
Leistungskategorie sollen helfen,
das eigene Training besser und
effektiver zu gestalten und auch
zu kontrollieren.

Auch in engl. Sprache

3., überarb. Auflage
320 Seiten
zweifarbig
16 Farbseiten
25 Fotos, 119 Abb., 75 Tab.
Broschur, 14,8 x 21cm
ISBN 3-89124-814-8
€ 18,90 (D) / SFr 31,-

Georg Neumann/Arndt Pfützner/
Kuno Hottenrott
Alles unter Kontrolle

In dieser praxisbezogenen Darstellung zur Trainingssteuerung
in allen Ausdauersportarten
werden erfolgreich praktizierte
Methoden zur Planung, Durchführung, Kontrolle und Auswertung des Trainings aufgezeigt
sowie Hinweise und Vorschläge
zu einer besseren Trainingsgestaltung gegeben.

6. Auflage
304 Seiten
16 Farbseiten
30 Fotos
136 Abb., 62 Tab.
Broschur, 14,8 x 21 cm
ISBN 3-89124-581-5
€ 18,90 (D) / SFr 31,-

*Unverbindliche Preisempfehlung

MEYER
& MEYER
VERLAG

Z11A/Anz2 11/01